Gerd K. Schneider

Urbilder in der modernen deutschen Kultur

Gerd K. Schneider

Urbilder in der modernen deutschen Kultur

Alte deutsche Sagen, Legenden, Mythen und Geschichten in moderner Gestaltung

Hakodesh Press

Imprint

Cover image: www.ingimage.com

Publisher:
Hakodesh Press
is a trademark of
International Book Market Service Ltd., member of OmniScriptum Publishing Group
17 Meldrum Street, Beau Bassin 71504, Mauritius
Printed at: see last page
ISBN: 978-620-2-45539-8

Meinen beiden amerikanischen

**Teenage-Zwilling-Enkelkindern Benjamin und Clara
in Liebe zugeeignet**

Inhaltsverzeichnis

Vorwort 6
So fing es an … 8

Von Zwergen und Zwerginnen, Riesen und Riesinnen, und anderen kleinen Leuten 12

König Laurins Rosengarten
Die schöne Melusine, und der Blick in das geheimnisvolle Kästchen bei Goethe
Der Graf von Ellenburg und die Zwerge:
Des kleinen Volkes Hochzeitsfest
Die Legende der Heinzelmännchen
Die Legende der Lutki
Der Abzug des Zwergenvolkes über die Brücke

Rübezahl, der Berggeist des Riesengebirges
Rübezahl als humaner Gläubiger
Die Rosstrappe
Die Legende der Burg Niedeck

Von Helden, Gott Suchern und Gott Missachtenden 32

Die Nibelungensage
Der Roland von Bremen
Die Legende vom Tausendjährigen Rosenstock
Die Sage von Barbarossa
Parzival
Tannhäuser
Pater und Nonne

Ein Wort ist kein W an diesem Ort 50

Das Huckepack der Liebe
Der Rattenfänger zu Hameln – pay up or else

Von Narren und Schalken 57

Das Narrenschiff
Das Lob der Torheit
Eulenspiegel, der Schalk, und seine Streiche
Die Schildbürger: es ist nicht immer gut, klug zu sein Nixen,
Klabautermänner, Piraten und der Brauch des Polterabends
Die Sage von Vineta
Der Kobold-Klabautermann
Die Sage vom Hans-Heiling-Felsen
Die Legende von Klaus Störtebecker

Von Wassergeistern und Wassergeisterinnen 84

Die Sage vom Mummelsee
Die Legenden vom Spreewald und seine Erschaffung
Die Legende vom Schlangenkönig
Die Legende vom Plon
Die Legende vom Wassermann
Die Loreley
Die Sage/Legende vom fliegenden Holländer
Der Mäuseturm bei Bingen

Geisterfrauen 99

Die Osterjungfrau in der Burg Osterode
Frau Holle als Ehestifterin
Der Schatz bei Schwerte

Von Engeln und Teufeln 104

Der Rauschgoldengel in Nürnberg und der Schöner Brunnen
Das verwünschte Schloss
Die Sage von der Walpurgisnacht auf dem Blocksberg
Die Sage von der Teufelsmauer

Hartherzige Gestalten und Betrüger 112
Die Watzmannsage
Der Bäcker zu Dortmund

Vom Essen und Trinken 116

Die Stadt Rothenburg o.d.T.
Die achte Todsünde: das Bierpantschen
Die Geschichte vom klassischen bayrischen Starkbier:
Dem Bock, dem Doppelbock und der Berliner Bockwurst

Eine Realität, die Legende wird, und eine Legende, die Realität wird 121

Karl Mays Verzauberung der Realität
Heinrich Schliemanns Entzauberung einer Legende

Uns ist in alten maeren wunders vil geseeit von helden lobebaeren, von grôzer arebeit … 126

Vorwort

Dieses Büchlein ist nach dem Prinzip einer Ellipse aufgebaut. Sie hat zwei Mittelpunkte. Der erste zentrale Punkt ist der Ursprung der hier verzeichneten Sagen, Legenden und Geschichten – woher kommen sie, beschreiben sie individuelle Persönlichkeiten oder auch Gegenden, etc. Die zweite Achse soll zeigen, wie sie als Inspiration für Künstler, wie Dichter, Musiker und Maler gedient haben. In diesem Sinne sind die Sagen, Legenden und Geschichten zeitübergreifend und damit wichtige Bestandteile unserer heutigen deutschen Kultur.

Die Bezeichnung Sage ist ein Sammelbegriff. Er bezeichnet das „Gesagte" oder das „Erzählte", denn die meisten Sagen sind uns zuerst nur mündlich überliefert, was ihre vielen Variationen erklärt. Sie wurden uns erst durch die Transkription der Grimm-Brüder ins Schriftliche übertragen. Sie gehören zum Volksgut, d.h., dass sie in breiten Schichten der Bevölkerung vorhanden sind, zumeist ohne Verfasserangabe. Auch die Märchen gehören dazu, aber sie sind nicht gleich. Im Gegensatz zu den Märchen behandeln die Sagen nicht nur Geister und Geisterfrauen in Burgen und waghalsige Drachentöter, sondern viele sind lokalisiert und beziehen sich auf eine bestimmte Gegebenheit, eine Landschaft oder eine historische Persönlichkeit. Die Sagen haben somit einen höheren Realitätsanspruch als die Märchen, die nicht historisch fixiert sind mit ihrem „Es war einmal"; sie sind also nicht in der Realität verankert. Zusätzlich enthalten die Sagen auch viele Elemente, die zur Zeit ihrer Entstehung nicht wissenschaftlich erklärt werden konnten. Wie erklärte sich zum Beispiel der Mensch der Vergangenheit die Entstehung der Gebirge, die der Seen oder der gewaltigen Unwetter? So nimmt es kein Wunder, dass die Welt der Sagen viele Ungeheuer enthält, wie Riesen und Zwerge, Drachen und Geister, gute und böse, Dämonen, Kobolde, Nixen, Hexen, Teufel, Poltergeister, Klabautermänner, Geisterfrauen und dergleichen. Zusätzlich werden uns auch große Ereignisse, wie Kriege, Vernichtungen einiger Völker, Heldentaten, die über das Sich-Vorstellbare weit hinausgehen, im Gewand einer Sage überliefert. Der Unterschied zwischen einer Sage und einer Legende ist jedoch durchlässig, denn beide können sich auf eine wahre Begebenheit beziehen, die dann mithilfe der Fantasie ausgeschmückt wird. Der Hauptunterschied besteht darin, dass Sagen mündlich überliefert wurden, während Legenden, meistens mit religiösem Gehalt, zum großen Teil schriftlich wiedergegeben wurden.

Heute können wir diese Naturereignisse wissenschaftlich erklären, aber das bedeutet nicht, dass die Sagen dadurch der Vergessenheit anheim geraten sind. Sie haben wie die Märchen einen hohen Erzählwert, sind bildend und unterhaltsam. Sie sollen die junge Generation auch zum Lesen führen, oder auch zum Wiederlesen. Das Lesen ist nicht nur bildend, sondern es ist eine Möglichkeit sich zu entspannen, sich zu „entschleunigen", wie die Berliner sagen.

Noch einiges zur Quellenangabe. Die Goethe-Auszüge sind der Hamburger Ausgabe, herausgegeben von Erich Trunz (1948 ff.) entnommen. Die meisten Sagen sind in den *Deutschen Sagen* der Gebrüder Grimm enthalten. Zusätzliche Quellen sind im Text vermerkt. Diese Texte und Sagen sind keine Volltexte sondern Zusammenfassungen in freier Macherzählung.

So fängt es an …

… und die ersten Sonnenstrahlen wagten sich vorsichtig durch die geputzten Fensterscheiben in das behagliche Schlafzimmer der Wöchnerin, die soeben zwei kleine Erdbürger in die Welt gesetzt hatte. Diese Strahlen, die galaktischen Vorboten des Frühlings, strichen zärtlich über das Vertiko hinweg, auf dem die Bilder der Großeltern und derer Eltern standen, bis sie einen Ruheplatz auf den geröteten Wangen der neuen Mutter gefunden hatten. Diese schaute liebevoll die zwei kleinen Bündel an, von denen das eine den kleinen rosigen Daumen in den Mund gesteckt hatte und ihn lutschte, sodass es außer einigen Quietschlauten kein vernünftiges Wort hervorbrachte, während das andere lautstark, fröhlich und unbekümmert in den sich ausbreitenden Morgen hinein krähte. Die glückliche Mutter …"

„Na, hör doch bitte auf mit diesem Stuss, der eher in das 19. Jahrhundert der Courths-Mahler gehört als in unser 21. Jahrhundert. Wenn du ein moderner Mensch sein willst, musst du folgendermaßen beginnen: ‚Es war gegen 9:00 Uhr in der Früh. Diese Zeitangabe kann durch die Kuckucksuhr verifiziert werden, die an der Wand hing, und deren Schlagwerk einen bunt gefiederten Kuckuck die volle Stunde ankündigen ließ. Er brauchte keine Angst vor der Katze zu haben, die jede Stunde vor ihm saß und darauf wartete, dass er in ihre Nähe kam. Es regnete, regnete in Strömen. Nur manchmal schien die Sonne hinter den schweren Regenwolken hindurch. Das war draußen'"

„Drinnen raste eine Saugroboterscheibe über den Teppich und nahm alles mit, was in ihrem Weg lag: Lego-Teilchen, eine Spielkarte, eine heruntergefallene Brille und das Kleingeld, das beim Aufstehen auf den Teppich gefallen war. Nach getaner Arbeit manövrierte sie sich wieder zur Steckdose zurück, steckte sich ein und ruhte in der Warteschleife. Alexa, dieser sprachgesteuerte Voice Service von Amazon, auch Echo genannt, füllte den Raum mit den neuesten Schlagern, die nur unterbrochen wurden, wenn jemand Alexa nach der Wetterprognose fragte. Alexa gab ihm immer ihre höfliche Auskunft, dass es fast beängstigend war, und sie schloss ihre

Botschaft mit einem fröhlichen: Habe einen angenehmen Tag, auch wenn draußen der Regen durch die Straßen peitschte. Alexa wusste viel, aber nicht alles, auch nicht das, was im Schlafzimmer geschehen war".

„Dort hatte eine junge Frau Zwillinge geboren, die gesund, fröhlich, und wissbegierig warten, die Welt zu erkunden. Ja, Mann, das ist modern und motiviert die Leute auch zum Weiterlesen. Wir nehmen nämlich an, dass du einen Roman oder so etwas schreiben willst, und wir bieten dir unsere Hilfe an, denn es scheint, dass du wenig Erfahrung mit dem Schreiben besitzt. Also schreib über uns; aber zuerst, musst du entscheiden, ob wir ein Junge oder ein Mädchen sind. Das ist wichtig. Sollten wir einmal in die Welt hinein reisen, und die Passkontrolle kontrolliert unsere Ausweise, und hinter Geschlecht steht: unbekannt, dann weiß ich nicht, was mit uns passieren würde. Und zweitens musst du unsere Namen entscheiden, denn die Gesellschaft verlangt das. Du bist also unser Vater, genauer gesagt unser geistiger Vater, denn du hast uns in die Welt gesetzt. Wir hoffen auf eine gute Zusammenarbeit, obwohl wir dir sagen wollen, wir hätten uns einen besseren, intelligenteren Vater ausgesucht, als du es bist, aber das Schicksal hat es so entschieden, und wir müssen das Beste daraus machen".

Ich war verblüfft, total verblüfft. War ich schon so ga-ga oder plemplem, dass ich Stimmen hörte, aber keinen sah? Ich holte tief Luft, schaute zuerst den Computer an, betrachtete dann das Zimmer. Nichts hatte sich geändert, überhaupt nichts. „Du musst hierher gucken", klang es vom Computer, und wenn man genau hinsah, sah man zwei kleine Pünktchen, die sich hin und her bewegten. Um fair zu sein, machte ich ein Mädchen und einen Jungen daraus.

Die Namensgebung allerdings war etwas schwieriger. Nach langem Überlegen drängte sich mir der Name Benjamin auf, denn Benjamin bedeutet im Hebräischen der Sohn meiner rechten Hand, und da ich rechtshändig bin, war es folgerichtig, denn ich hatte ja meinen Sohn mit der rechten Hand im Computer zum Leben erweckt. Außerdem liebte ich Benjamin Franklin, denn er war nicht nur Politiker, der im Parlament viel donnerte, sondern auch Wissenschaftler, der uns das Wesen der Blitze näher brachte. Der weibliche Vorname war bei mir allerdings noch ein Rätsel. Ich aktivierte meine Ganglienzellen, die alles das gespeichert hatten, was ich in meiner Schule gelernt hatte, und diese Schnellfahrt stoppte die Reise bei dem Namen Clara. Ich erinnerte mich an meine Lateinstunde. Dort erklärte mein Lehrer die Bedeutung dieses Namens: er steht für die Leuchtende, die Schöne, und auch die Berühmte, also ein recht zukunftsträchtiger Name. Und ein berühmter noch dazu, denn die Gattin von Robert Schumann hatte diesen Namen getragen, wie auch Clara Barton, die am 21. Mai 1881 das American Red Cross gegründet hatte. Also hießen die beiden Kinder Benjamin und Clara.

„Na, wie geht es jetzt weiter?", ertönte es aus dem Computer, „Sollen wir dir weiterhelfen? Da du nichts sagst, nehmen wir das als Zustimmung". Ich nickte nur, was mein Signal dafür war, dass ich für das Diktat bereit war. Und die beiden Neugeborenen fuhren fort.

„Wir haben lange darauf gewartet, dass uns jemand zum Leben erweckt. Das geschieht nur, wenn die kosmische Gleichung vollzogen ist. Da du wahrscheinlich nicht weißt, was das ist, werden wir es dir sagen. Wir waren bis vor kurzem nur zwei Gedanken, die durch den Weltraum reisten. Dann, zum Zeitpunkt des Äquinoktiums, an dem der Tag und die Nacht gleich lang sind, sodass die Hälfte des täglichen Sonnenverlaufs oberhalb, die andere Hälfte unterhalb des Horizonts liegt, gab es einen Riss, und wir purzelten auf die Erde und in deinen Computer. Das geschah genau zur Mittagszeit. Wie du weißt, ist die Stunde des Großen Mittags dem Hirtengott Pan gewidmet, dem Gott des Waldes und der Natur. Sein gekrümmter Hirtenstab symbolisiert den Kreislauf aller Dinge und die Wiederkehr der Jahreszeiten. Dieses kosmische Ereignis, das die Beständigkeit unseres Lebens und unserer Existenz auf dieser Erde verwirklicht, ist so ungeheuerlich, dass viele Menschen, die Augenzeugen dieses Ereignisses waren, in einem panischen Schrecken davon liefen. In dieser Tag- und Nachtgleiche entstand ein kleiner Ruhepunkt, durch den wir auf die Erde in den Computer purzelten. So ist es und nicht anders".

„So, jetzt werden wir dir sagen, was wir vorhaben. Wenn man so durch den Weltraum herumgeistert, wird es auf die Dauer langweilig. Aber jetzt sind wir in der Lage, unser Leben interessant zu gestalten. Was uns besonders interessiert, ist in das Reich der deutschen Sagen, Legenden, Mythen, und Geschichten einzutreten und was mit ihnen in der Moderne geworden ist. . Wir haben schon einiges davon durch die Lichtquanten gehört, die uns die Literatur der Erde näher brachten. Und wir werden dir auch alles berichten, was wir gehört und beobachtet haben. Wir hoffen, du stimmst mit uns über ein, denn wenn nicht, wirst du noch Tage, Wochen und Monate lang vor deinem Computer sitzen, und du wirst nichts, überhaupt nichts geschrieben haben". Und so begann ihre Reise.

Von Zwergen und Zwerginnen, Riesen und Riesinnen, und anderen kleinen Leuten

König Laurins Rosengarten (volkstümliche Überlieferung)

Die erste Reise führte Benjamin und Clara nach Südtirol, um dort König Laurins Rosengarten zu sehen, der etwa 20 km westlich von Bozen/Bolzano liegt. Dieser Garten war und ist so berühmt, dass viele kamen, um ihn zu erleben. Dies geschah auch heute, und die Kinder hatten Schwierigkeiten, sich durch die Masse der Touristen mit ihren iPhones und iPads nach vorn zu drängen, um die Schönheit dieses Rosengartens zu genießen. Der Anblick war jedoch nur von kurzer Dauer, denn bei Einbruch der Nacht verschwand der Garten mit allen seinen schönen Blumen. Die Menge zerstreute sich, und nur ein älterer Mann blieb zurück. Als er die beiden Kinder sah, fragte er sie, was sie von dem Rosengarten wussten. Als der Mann bemerkte, dass ihr Wissen sehr holprig war, setzte er sich hin, bat die Kinder Platz zu nehmen und erzählte ihnen die Geschichte des König Laurins Rosengarten:

„König Laurin war der Zwergkönig einer Berggruppe in den Dolomiten. Er hatte zahlreiche Untertanen, die in den Bergen nach edlen Metallen suchen mussten, womit er seinen unterirdischen Palast schmückte. In Kämpfen tat es ihm keiner gleich, denn er hatte einen Zaubergürtel mit der Stärke von zwölf Männern und eine Tarnkappe, die ihn unsichtbar machte“.

„Da geschah es, dass der König von der Etsch, dem zweitlängsten Fluss Italiens, seine schöne Tochter Similde verheiraten wollte, und er lud viele Könige und Prinzen zu der Hochzeitsfeier ein, aber nicht Laurin, dessen zwergenhafte Gestalt nicht zu der Feier passte. Dieser erschien aber trotzdem; keiner konnte ihn sehen, denn er trug seine Tarnkappe, und sie machte ihn unsichtbar. Als Laurin die Braut Similde sah, verliebte er sich sofort in sie. Da er aber wusste, dass ihr Vater nie seine Einwilligung zu einer Ehe geben würde, entführte er sie und brachte sie zu seinem Rosengarten. Similde's Vater war erbost und er bat Dietrich von Bern, der ebenfalls zu den eingeladenen Gästen gehörte, ihm seine Tochter wieder zu bringen. Dietrich von Bern und die anderen Ritter kämpften gegen Laurin und sein Zwergenvolk, aber als Laurin merkte, dass er unterlegen war, band er sich den Zaubergürtel um. Laurin glaubte, dass seine Tarnkappe ihn in seinem Rosengarten unsichtbar machte, aber das war nicht der Fall, denn die sich neigenden Rosen zeigten genau, wo sein Standort war. So erblickte ihn Dietrich von Bern, entwand ihm die Tarnkappe und nahm ihn gefangen. Dietrich von Bern und sein Waffenmeister Hildebrand befreiten ebenfalls Similde. Als man Laurin wegführte, drehte er sich um und verhängte einen Fluch über den verzauberten Rosengarten, der ihn so schmählich verraten hatte. Sein Fluch war, dass man den Garten weder bei Tag noch bei Nacht sehen konnte. Er vergaß aber die Dämmerung. Und so geschah es, dass man den Rosengarten beim Sonnenuntergang sehen konnte, wenn die sich neigende Sonne den weißen Kalkfelsen in ein glühendes Rot verwandelte. Und so kann man Laurins Rosengarten nur kurz bei Sonnenuntergang sehen, aber dieses Erlebnis ist unvergesslich. Und ihr könnt den Rosengarten auch in einem deutschen Abenteuerfilm sehen, der 2016 von Matthias Lang gedreht wurde".

„Wer sind Sie?", fragte Clara, die sehr aufmerksam zugehört hatte. „Mein Name ist Dietrich, und ich komme aus Bern", erwiderte der alte Mann. „Ich bin dazu verdammt, nicht sterben zu können, bis sich zwei überirdische Kinder entschieden haben, mit mir zu reisen. Der Grund meiner Unsterblichkeit ist, dass ich vor vielen Jahren nicht eingegriffen habe, als mein Waffenmeister Hildebrand eine Königin getötet hat. Sie hieß Kriemhilde, und sie war die Witwe von Siegfried und die Gattin von Etzel. Ich stand daneben und habe den Mord gewähren lassen. Zur Strafe muss ich durch die Welt wandern und kann keine Ruhe finden. Ich habe in meinem Leben sehr viele Sagen, Legenden, Märchen und Geschichten gehört, und wenn ihr wollt, begleite ich euch auf eurer Reise und zeige euch die schönsten Burgen, Burgruinen und Schlösser mit ihren

Geschichten. Keiner kann mich sehen, denn im Kampf mit Laurin habe ich ihm seine Tarnkappe entwendet, die ich bei der Reise überstreifen kann. Nur ihr beide könnt mich sehen, denn ihr seid ja nicht aus Fleisch und Blut, sondern nur personifizierte Gedanken". Die beiden Kinder waren hocherfreut, ihn als Begleiter zu haben, und sie sagten sofort zu. Sie warfen noch einen Blick auf den Rosengarten, der jedoch bei Nacht seine eigene Tarnkappe trug. Nur Clara atmete tief und glaubte, den betörenden Rosenduft von den Kalkbergen auch jetzt noch zu verspüren, aber sie sagte nichts.

Die schöne Melusine, und der Blick in das geheimnisvolle Kästchen bei Goethe

„Die folgende Geschichte hat sehr viele Variationen. Das kommt daher, dass sie bis in das 12. Jahrhundert, also bis ins Mittelalter zurückreicht und für Jahrhunderte nur mündlich überliefert wurde. Der Nukleus dieser Sage ist, dass Melusine einen Ritter heiratet unter der Bedingung, dass er sie nie in ihrer wahren Gestalt sieht. Der Ritter akzeptiert, wird reich und erreicht ein hohes Ansehen. Dann aber bricht er das Tabu, und sie enthüllt sich als eine Wasserfee mit Schlangenleib. Die Ehe endet, aber auch die Quelle seines Reichtums".

„Eine andere Version versetzte die Sage in die Nähe von Schloss Staufenberg im Bundesland Hessen und dem Weinort Durham. Dort lebte einmal ein Amtmann mit seinem Sohn Sebald, der im Wald öfters seiner Lieblingsbeschäftigung nachging, der Vogelfängerei. Als er eines Tages wieder im Wald war, hörte er einen wunderbaren Gesang. Er ging ihm nach und sah eine schöne Frau in Gebüsch. Die Frau sagte zu ihm: ‚Ich bin nicht die, die du siehst. Ich bin verwünscht und viel schöner als die, die du siehst. Ich habe dich öfters hier gesehen und habe mich in dich verliebt. Wenn du mich erlösen willst, so musst du mich dreimal dreifach küssen. Wenn du das tust, bin ich erlöst, und du wirst sehr reich, denn ich habe einen großen Brautschatz. Komme nächste Woche wieder, wenn du es willst'. Sie erschien vor ihm, und er sah, dass sie keine Füße hatte, nur trichterförmige

Saugnäpfe und einen Fischschwanz. Er hatte aber keine Angst und küsste sie – zweimal auf die Wangen, und einmal auf den Mund".

„Der junge Mann kam auch in der folgenden Woche und sah, dass sie sich verändert hatte, denn jetzt hatte sie Flügel und einen Drachenschwanz. Er tat aber, was sie ihm aufgetragen hatte und küsste sie. Als er sie das dritte Mal aufsuchte, hatte sie einen scheußlichen Krötenkopf. Der junge Mann wandte sich ab, ohne sie zu küssen, und ging nach Hause. Zwei Jahre darauf vermählte er sich mit einer anderen Frau. Während des Hochzeitsmahls auf Schloss Staufenberg öffnete sich die Decke, und ein kleiner Schlangenschwanz fiel auf seinen Teller. Er bemerkte ihn nicht, aß ihn und fiel tot hin. Das war die Rache von Melusine".

„Dieses märchenhafte Geschehen ist europäisches Kulturgut aus dem 12. Jahrhundert. Das magische Ereignis wurde zuerst 1456 von dem Berner Patrizier Thüring von Ringoltingen aus dem Französischen ins Deutsche übersetzt, der seinerseits einige Änderungen vollzog. In dieser Version jagte einmal während der Zeit der Kreuzzüge Elynas, der König von Schottland, im Wald und sah dort die schöne Pressyne, Melusines Mutter. Sie akzeptierte seinen Heiratsantrag unter der Bedingung, dass er nie unangemeldet ihr Zimmer betrete und sie in ihrer wahren Nixengestalt sehe. Sie gebar drei Töchter; die älteste war Melusine. Da ihr Mann sich nicht an das Gebot hielt und in das Zimmer kam, in dem sie die Töchter badete, verließ sie ihn und ging nach Avalon. Als Melusine von dem Nicht-Einhalten des Tabus ihres Vaters hörte, sann sie auf Rache. Sie und ihre zwei Schwestern schlossen Elynas mit seinen Schätzen in einen Berg ein. Ihre Mutter bestrafte sie, und Melusines Strafe war, dass sie jeden Samstag einen Schlangenschwanz statt Beine hatte."

„Diese Geschichte inspirierte viele Künstler. Felix Mendelssohn Bartholdy komponierte eine Ouvertüre *Das Märchen von der schönen Melusine*; Georg Trakl schrieb zwei Gedichte über Melusine; das Erstlingswerk Jakob Wassermanns heißt *Melusine*, ein Liebesroman aus unserer Zeit; und Richard Billingers *Melusine* aus dem Jahr 1941 ist ein moderner Liebesroman “.

„Sogar Goethe hat Melusine einen Platz in seinem Roman *Wilhelm Meisters Wanderjahre* gewidmet, allerdings auf ironische Weise, denn seine fantasievolle Erzählung ‚Die neue Meslusine‘ hat wenig mit der mittelalterlichen Vorlage zu tun. Die Gemeinsamkeit besteht nur darin, dass die Frau sich in ein anderes Lebewesen verwandeln kann. Goethe parodiert hier diese märchenhafte Geschichte aus dem Mittelalter. Er ändert auch die Schöpfungsgeschichte, indem er Gott zuerst die Zwerglein schaffen ließ, ‚damit auch vernünftige Wesen waren‘. Diese kleinen Wesen maßten sich dann die Herrschaft über die Erde an, sodass Gott die Drachen schuf, die die Zwerge in das Gebirge zurückdrängten. Die Zwerge gerieten dadurch in große Not und baten Gott, ihnen wieder zu helfen. Gott schuf daraufhin die Riesen, die viele Drachen töteten. Dadurch wurden sie hochmütig und bedrängten die Zwerge. Diese wandten sich wieder an Gott und baten um Hilfe. So schuf Gott die Ritter, die gegen die Riesen kämpften“.

„Dann geschah etwas Unvorhergesehenes: die Zwerge, die von Natur schon recht klein waren, wurden immer kleiner, sodass sie vom Aussterben bedroht waren. Der Bruder der Prinzessin war bei der Geburt so klein, dass man ihn mit einer Decke ausschüttelte, und er konnte dann nicht mehr gefunden werden. Die Zwerge hatten jedoch eine Möglichkeit der Weiterexistenz. Sie durften eine Frau in das Menschenreich schicken, damit sie dort von einem Ritter geschwängert werden sollte, um dann bei ihrer Rückkehr dem Zwergenreich neues Blut zuzuführen. Die Wahl traf eine Prinzessin namens Meusine, die in die Oberwelt reiste, und sie nahm nur ein kleines Schmuckästchen mit, in das sie sich zuweilen zurückzog“.

„Die Prinzessin jedoch wählte einen herum schweifenden Taugenichts, Spieler und Schürzenjäger, der manchmal vom Jähzorn gepackt war, und der immer Geldsorgen hatte. Er war kein Ritter von einer edlen Gestalt. Eines Tages sah er durch einen Spalt im Schmuckkästchen die Prinzessin, die jetzt eine kleine zwergenhafte Gestalt hatte. Nachdem die Prinzessin ihm alles offenbart hatte, kehrte sie wieder zurück in ihr

Zwergenreich – mit ihm und mit der Hilfe eines magischen Rings. Nach einiger Zeit jedoch wurde ihm das Leben in Miniaturgestalt langweilig; er feilte sich den Ring vom Finger und kehrte in seine alte Welt zurück".

„Was Goethe hiermit sagen will, ist, dass die Zeit der Riesen, Drachen und Zwergenvölker jetzt vorbei ist. Goethe beginnt die Geschichte mit dem Alltäglichen, gleitet aber dann über in den Bereich des Märchenhaften, in dem das Ende ganz anders ist, als wie zu Anfang erscheint".

„Interessant ist, dass die Schöne Melusine das Firmenlogo von Starbucks ist, denn hier erscheint sie als Nixe mit doppeltem Fischschwanz. So, jetzt bin ich durch das lange Erzählen hungrig geworden. In der Nähe ist ein sehr gutes Restaurant, das immer eine Spezialität auf der Speisekarte hat: Blumenkohl Schöne Melusine. Dieses überbackene Blumenkohlgericht aus Hackfleisch, Ei, Semmelbrösel und Tomaten ist zwar nicht so alt wie diese märchenhafte Geschichte, aber sie schmeckt gut! Wenn ihr wissen wollt, was der Name dieses Gerichtes mit der Goethischen Melusine zu tun hat, so gibt es nur eine Vermutung. Der Goethische Ich-Erzähler liebte zwar keine Wasserfee, sondern er hatte gute Beziehungen zu Küchenfeen, denn er aß sehr gerne gute Sachen und Leckerbissen. Vielleicht gehörte sogar der Blumenkohl dazu. Und die Melusinen sterben aus, oder wie es in der *Mitteldeutschen Zeitung* vom 05.11.06 heißt: ‚Eine neue Schöne Melusine ist noch nicht in Sicht'. Vielleicht ist sie jetzt so klein geworden, dass man sie nicht mehr sieht'".

„Die Zwerge sehen den Menschen sehr ähnlich. Der Unterschied ist jedoch, dass sie sehr klein sind, manchmal so klein, dass man sie nicht sehen kann. Sie benehmen sich allerdings wie die Menschen, sie heiraten, vermehren sich, und einige von ihnen sind sehr kontaktfreudig, und sie lassen die Menschen in ihr Zwergenleben hinein. Das ist zum Beispiel der Fall in der folgenden Sage":

Der Graf von Ellenburg und die Zwerge: Des kleinen Volkes Hochzeitsfest (Quelle: Grimm)

Auf der mittelalterlichen Ellenburg in Sachsen lebte einmal ein Volk von kleinen Menschen, die so klein waren, dass sie durch ein Schlüsselloch schlüpfen konnten. Nun geschah es, dass zwei Kleine heiraten wollten, und zu dieser Feier hatten sie den großen Saal der Burg ausgewählt, wo das Fest zu Musik und Tanz begann. In dem Schloss wohnte ein alter Graf, dessen Nachtruhe durch diesen Lärm gestört wurde. Er stand auf und blickte durch einen Riss in der Decke hinunter in den Saal, wo sich die Kleinen zu der Musik im Kreis drehten. Die Kleinen entdeckten den Grafen und fragten ihn, ob er an den Lustbarkeiten teilhaben möchte. Ihre Bedingung allerdings war, dass kein anderer Mensch sie bei diesem Vergnügen sehen durfte. Der Graf hatte nichts dagegen, und er tanzte mit einer jungen kleinen Tänzerin, die sich aber so schnell drehte, dass ihm fast schwindlig wurde. Mit einem Mal aber hörte die Musik auf, und die Tänzer und Tänzerinnen verschwanden in den Bodenritzen, den Schlüssellöchern und in Mauselöchern. Der Graf und das Brautpaar schauten nach oben auf die Decke, und sie sahen das Gesicht der alten Gräfin, deren Schlaf ebenfalls gestört war. Da verabschiedete sich das Brautpaar von dem Grafen, aber nicht bevor der Bräutigam dem Grafen sagte: ‚Weil unsere Freude so gestört wurde, soll euer Geschlecht nie mehr als sieben Ellenburgs zählen‘. Dann verschwanden die Braut und der Bräutigam durch ein Schlüsselloch, und die Kleinen wurden nie wieder gesehen. Die Verwünschung jedoch bewahrheitete sich, und immer wenn ein neuer Ellelenburger geboren wurde, starb ein alter sogleich“.

„Diese Sage hat viele Dichter begeistert, darunter auch Goethe, dessen ‚Hochzeitslied‘ sich auf diese Sage bezieht. Eine Strophe darin lautet“:

Hochzeitslied

Wir haben uns Feste hier oben erlaubt,
Seitdem du die Zimmer verlassen,
Und weil wir dich weit in der Ferne geglaubt,
So dachten wir eben zu prassen.
Und wenn du vergönnst und wenn dir nicht graut,
So schmausen die Zwerge, behaglich und laut,
Zu Ehren der reichen, der niedlichen Braut
Der Graf im Behagen des Traumes:
‚Bedient euch immer des Raumes!‘

„Dieses Gedicht wurde 1832, dem Todesjahr Goethes, von Carl Loewe vertont, und wird heute noch bei Hochzeiten gesungen“.

„Eine andere Gruppe der Kleinen zeigt seit dem Jahr 2000 der begehbare Marktbrunnen, versteinert in dem Heinzelmännchenbrunnen. Ebenfalls wurde die Burgruine Ellenburg wieder aufgebaut, und ist seit 2016 Touristenattraktion. Zur 1050-Jahr Feier der Stadt Eilenburg im Jahr 2011 wurde diese Sage zum Stadtmarketing benutzt, das Stadtmaskottchen ist der Heinzelmannn“.

Hier wurde Dietrich von Clara unterbrochen: „Können Sie mir sagen, was Heinzelmännchen sind? Ich habe viel von ihnen gehört“. „Ja das kann ich“, erwiderte Dietrich. „Hör gut zu, wenn ich die Geschichte der Heinzelmännchen erzähle. Ihre Existenz ist auch ein Beweis, dass eine Sage aus einer anderen Sage entstehen kann. Das Folgende nun spielt in Köln, und ein schönes Gedicht wurde von den Landschafts- und Historienmmaler und Schriftsteller August Kopisch 1836 verfasst“:

Die Legende der Heinzelmännchen

Wie war zu Cöln es doch vordem
Mit Heinzelmännchen so bequem!
Denn war man faul, man legte sich
Hin auf die Bank und pflegte sich.
Da kamen bei Nacht, eh‘ man's gedacht
Die Männlein und schwärmten
Und klappten und lärmten
Und rupften
Und zupften
Und hüpften und trabten
Und putzten und schabten –
Und eh ein Faulpelz noch erwacht , …
War all das Tagwerk … bereits gemacht!

„Und so geschah es mit allen Zunftgenossen in der Stadt Köln. Die Fleischer machten ihre Würste und Braten nicht selbst, sondern wenn sie in aller Herrgottsfrüh in ihre Läden kamen, hingen die wohlriechenden Würste und die verlockenden Braten schon im Verkaufsraum. Und auch die Maurer konnten sich auf die faule Haut legen, denn in der Früh war die Arbeit schon vollbracht. Aber dieses Paradies ist nicht immer da, denn es geschah etwas, was die Menschen aus diesen paradiesischen Zuständen vertrieb. Und das kam so“:

Einst hat‘ ein Schneider große Pein:
Der Stadtrock sollte fertig sein;
Warf hin das Zeug und legte sich
Hin auf das Ohr und pflegte sich.

Da schlüpften sie frisch
In den Schneidertisch;

Da schnitten und rückten
Und nähten und stickten,
Und faßten
Und paßten,
Und strikten und guckten,
und eh mein Schneiderlein erwacht:
War Bürgermeistes Rock ...bereits
gemacht!

„Dieser Zustand mit den Hausgeistern endete durch des Schneiders Weib. Diese wollte unbedingt herausfinden, wer die anfällige Arbeit getan hatte, und zu diesem Zweck streute sie Erbsen auf die Treppe. Und dann geschah etwas“:

Die Heinzelmännchen kommen sacht:
Eins fähret nun aus,
Schlägt hin im Haus,
Die gleiten von Stufen
Und plumpen in Kufen,
Die fallen
Mit Schallen
Die lärmen und schreien
Und vermaldeien!
Sie springt munter auf den Schall
Mit Licht: husch, husch, husch, husch! –
Verschwinden all!

... und sie kamen nie wieder!

„Das ist eine amüsante Geschichte“, sagte Clara, „aber warum sind es immer wieder Frauen, die uns aus dem Paradies vertrieben haben? Ist es nicht eine allzu große Verallgemeinerung und ein Vorurteil?“ „Vielleicht“, erwiderte Dietrich, „aber man kann es auch anders sehen. Wenn man neugierig ist, will man doch etwas Neues erfahren und etwas Verborgenes kennenlernen. Wo wären wir dann heute, wenn nicht neugierige Menschen gefragt hätten: wer, wo, warum, weshalb? Neugier ist so mit Wissensgier verknüpft, und diese kann man bei Männern wie bei Frauen finden. Wenn ihr in der Früh aufwacht und seht, dass eure Schulaufgaben schön säuberlich gemacht sind, würdet ihr dann nicht wissen wollen, wer diese Arbeit getan hat? Deshalb sollte man nicht zu schnell des Schneiders Weib kritisieren“.

Clara ließ jedoch nicht locker. Sie bemerkte, dass die Geschichte von den Heinzelmännchen doch nur ein Traum der Menschheit sei, besonders von denen, die nicht arbeiten wollten. „Da stimme ich dir jedoch nicht ganz zu“, erwiderte Dietrich. „Schaut euch doch an, was die Technik den Menschen heute bietet. Amazons Alexa ist ein wunderbarer Hausroboter. Er weckt dich morgens auf, wenn du willst, mit deiner Lieblingsmusik, und er bringt dir die neuesten Tagesnachrichten. Danach erinnert er dich, was für Termine auf dich warten, wie die Wetteraussichten sind, ob du heute einen Regenschirm brauchst, ob du dich warm anziehen musst, etc. Du stehst dann auf, die Kaffeemaschine stellt sich automatisch an, und die Temperatur ist gut geregelt. Du begibst dich dann in die Küche, wo der Kaffee schon fertig gebrüht ist, und du kannst die Plätzchen aus dem Ofen heraus nehmen. Wenn du dann zur Arbeit gehst und das Haus verlässt, musst du aufpassen, dass du nicht nass wirst, denn die Rasenbewässerungsanlage hat sich selbstständig eingeschaltet. Du gehst dann in dein Büro und diktierst dann ein paar Briefe in den Computer, und bevor du sie abschickst, lässt du sie dir vorlesen. In einigen Berufen machen die Roboter deine Arbeit. Da alle Menschen ein Grundeinkommen haben, macht das nichts aus. Und wenn einer mit dem Auto zur Arbeit fährt, da braucht er nicht selbst zu steuern, denn das Auto fährt autonom und parkt sich selbst“.

„Aber die kleinen Leute gibt es nicht nur in Köln, sondern sie kommen auch in anderen Gegenden Deutschlands vor, wie zum Beispiel in der Mark Brandenburg “:

Die Legende der Lutki
(volkstümliche Überlieferung)

„Anders als die Heinzelmännchen dagegen sind die Lutki oder Lutken, die in der Burg am Schlossberg unter der Erde lebten. Das sorbische Wort Lutki bedeutet klein. Sie leben sehr harmonisch mit den Bauern des Spreewalds, essen gerne Brot und leihen sich zum Backen den Backtrog von den Bauern aus. Wenn sie ihn zurückgeben, liegen ein paar kleine Brote darin, die die Lutki Nichtbrote nennen. Als Gegenleistung kommen sie auch manchmal in der Nacht und machen das Haus sauber, sodass die Frauen sich ausruhen können. Sie sind, oder besser waren, die Heinzelmännchen des Spreewalds. Einige wenige befinden sich, wie manche glauben, noch in der Lausitz, aber nur da, wo es keine Kirchen oder Glocken gibt, denn mit dem Christentum wollen die Lutki nichts zu tun haben“.

„Die Lutki sind heute nur schwer zu finden, denn auch der Lärm des Tourismus ist ihnen zu laut geworden. Die Reklame hat sich ihres Namens angeeignet, und so gibt es heute als Unterkunft das Lutki-Paradies in Burg im Landkreis Spere-Neiße mit Booten, Grillvorrichtungen und anderem Luxus“.

„Aber nicht nur die Touristen verjagen die Lutki, sondern auch die Rodung der Wälder und Transformation der Felder zur Bebauung von Wohnungen nehmen den kleinen Leuten ihren Lebensraum weg, sodass viele an Hunger leiden und nicht mit der Welt der Zivilisation zurechtkommen. So geschieht es, dass sie wegziehen in der Hoffnung, neuen Lebensraum zu finden. Dies ist zum Beispiel auch der Fall in der folgenden Sage“:

Der Abzug des Zwergenvolkes über die Brücke
(Quelle: Grimm)

„Wanderer auf der Südseite des Harzes zwischen Walkenried und Neuhof in der Grafschaft Hohenstein im Bundesland Baden-Württemberg in der Nähe von Stuttgart bemerken, wenn sie auf der Südseite laufen, kleine Höhlen oder Felsspalten, die so klein sind, dass ein Erwachsener nur mit großen Schwierigkeiten hineinkriechen kann. Diese Zwerglöcher, wie sie noch heute heißen, wurden einst von Zwergen bewohnt, die sogar einen König hatten. Zwerge und Menschen lebten zuerst friedlich beieinander".

„Dann aber geschah etwas, was diese Symbiose infrage stellte. Die Bauern der Umgebung bemerkten, dass jemand ihre Feldfrüchte stahl, und sie passten auf, wer der oder die Übeltäter sein könnten. Allerdings nur zuerst während des Tages, wo nichts Ungesetzliches geschah. Am nächsten Morgen jedoch waren wieder einige Feldfrüchte weniger auf den Feldern als zuvor. Ein Bauer ging deshalb des Nachts in die Erbsenfelder und schlug mit einem Stecken hinein, sodass er die Kleinen ihrer sie unsichtbar machenden Tarnkappe beraubte. Zu seinem Erstaunen sah er kleine Menschen, also Zwerge, vor sich stehen, die um Erbarmen flehten. Der Bauer nahm diese Zwerge in Gewahrsam und sie gestanden, dass sie die Früchte vom Feld gestohlen hatten, denn sie und ihr Zwergenvolk litten große Hungersnot".

„Der Zwergenkönig schickte Abgeordnete zu den Bauern, um die gefangenen Zwerge zu befreien. Nach einigen Diskussionen eignete man sich auf einen Kompromiss: die Zwerge sollten abziehen, und die Bauern konnten dadurch ihre Früchte behalten. Die Bedingungen waren aber folgende: die Bauern wollten die Zwerge nicht mit ihren Schätzen abziehen lassen, die sie im Innern der Berge gefunden hatten, und die Zwerge wollten nicht, dass sie jemand beim Abzug beobachtete. Man einigte sich, dass die Zwerge bei Nacht über eine schmale Brücke bei Neuhof ziehen sollten, unbeachtet, und dass jeder von ihnen bei ihrem Abzug einen Teil ihrer Schätze in die hingestellten Töpfe werfen sollte. Aber wie es bei den meisten Verträgen geschieht, wurden sie nicht hundertprozentig eingehalten. Einige Landbewohner standen bei der Brücke, um die Zwerge bei ihrem Abzug zu sehen, und einige der Zwerge entschlossen sich, diese Gegend nicht zu verlassen. Und so geschieht es, dass man heute noch viele sehr kleine Kinder sieht; dies sind die Wechselbälge, die von den Zwergen für die Menschenkinder in der Nacht umgetauscht wurden. Aber das ist keine Kalamität, sondern eher ein Glücksfall, denn die Kleinen können in die Zwerglöcher kriechen, um nach den in Eile vergessenen Schätzen zu suchen. Bis heute jedoch war die Suche erfolglos".

„Warum gibt es Zwerge?", fragte Benjamin, „und auch Riesen gibt es massenhaft in der Mythologie und Sagen und den Geschichten. Ist es nicht genug, ein ganz normaler Mensch zu sein?" „Ich glaube", sagte der Berner, „die Menschen, die über Zwerge und Riesen geschrieben haben, haben in die Natur geschaut und gesehen, dass es dort Ameisen und Elefanten gibt, also große und kleine Lebewesen. Und wenn man in das Universum schaut, gibt es Zwergplaneten und Riesenplaneten. So ist in unserem Sonnensystem Pluto NASA nach ein Zwergplanet, und Jupiter ein Riesenplanet, der so groß ist, dass unsere Erde 1400 Mal in ihn hinein passt. Warum soll es dann nicht auf Zwerge und Riesen in unserer Welt geben? Es ist ein universales Naturgesetz, dem auch wir auf unserer Erde unterworfen sind. Und so sind unsere Sagen, Mythen und Geschichten voll von Zwergen und Riesen, und von den Riesen möchte ich euch jetzt etwas erzählen":

*

Rübezahl, der Berggeist des Riesengebirges
(Quelle: Bechstein)

„Vor langer, langer Zeit gab es einmal einen mächtigen Berggeist im Riesengebirge, einem Gebirge an der Grenze zwischen der polnischen Wowodschaft in Niederschlesien und Tschechien, in dem Rübezahl viele Bodenschätze hütete. Er hatte dämonische Kräfte, und er konnte sich in

Raben oder Adler oder in jedes andere Tier verwandeln, um Eindringlinge in sein Gebiet zu verjagen".

„Dann hat er sich in eine Königstochter namens Emma verliebt, und sie in seinen unterirdischen Palast entführt. Emma jedoch hatte Heimweh, und um es zu lindern, sagte er ihr, dass sie jede Rübe von seinem Garten in Gestalten verwandeln könne, die ihr am Herzen lagen. Nach einiger Zeit sagte ihm Emma, dass sie ihn heiraten wolle, vorausgesetzt, er nenne ihr genau die Anzahl von Rüben, die er hatte. Der Schrat machte sich sogleich an die Arbeit und zählte die vielen Rüben. Um aber sicher zu sein, dass er die genaue Zahl hatte, zählte er noch einmal, und erhielt eine andere Antwort. Auch die dritte Zählung stimmte nicht mit den Resultaten der anderen Zählungen überein. Nun verwandelte Emma eine Rübe in ein schönes und schnelles Pferd und ritt zu ihrem Verlobten Ratibor zurück. Sie gab dem Berggeist noch den Namen Rübezahl, einen Namen, den er hasste, denn er erinnerte ihn an seine unerwiderte Liebe".

„Rübezahl ist ein komplexer launischer Geist, reich an Widersprüchen. Schon im Jahre 1783 beschrieb ihn Johann Karl August Musäus folgendermaßen":

> Denn Freund Rübezahl sollt ihr wissen, ist geartet wie ein Kraftgenie launisch, ungestüm, sonderbar; roh, bengelhaft, unbescheiden; stolz, eitel, wankelmütig, heute der wärmste Freund, morgen fremd und kalt; zu Zeiten gutmütig, edel und empfindsam, aber mit sich selbst in stetem Widerspruch, albern und weise [...]

„Rübezahl ist damit im besten Sinne ein Dämon, eine Geistererscheinung, die man nicht als gut, schlecht oder böse bezeichnen kann, sondern sie vereint beides".

„Die vielen Sagen um Rübezahl sind schon sehr alt; sie datieren bis zu Anfang des 16. Jahrhunderts zurück. Ich glaube, er hat die Funktion der alten germanischen Mythologie übernommen. Die alten Germanen machten

Götter für das Naturgeschehen, für starke Gewitter, Lawinenkatastrophen, usw. verantwortlich, besonders Thor mit seinem Hammer Mjölnir. Und das erklärte für sie starke Unwetter oder Naturkatastrophen, die wir häufig im Riesengebirge finden. Und Rübezahl ist doch sehr vielseitig, denn er kann jede Gestalt annehmen, die er will. Ich erinnere mich sehr gerne an eine Geschichte, die ich in dem Rübezahlbuch von Johann Karl August Musäus gelesen habe, in der dieser Berggeist von der guten Seite her gezeigt wird. In der Geschichte von Rübezahl und dem armen Bauern geht es um folgendes":

Rübezahl als humaner Gläubiger
(Quelle: Musäus)

„Ein verarmter Bauer namens Veit wusste nicht mehr ein noch aus, wie er seine sechs Kinder ernähren sollte, und er ging zu den Verwandten seiner Frau, um sie um ein Darlehen zu bitten. Diese jedoch lachten ihn aus. In seiner Not ging er in das Gebirge und rief den Namen Rübezahl dreimal so laut, dass alle Tiere vor Schrecken davonliefen. Auch Rübezahl hörte seinen Namen und erschien sogleich. Der Bauer erzählte ihm seine Misere und bat ihn um ein Darlehen. Er versprach, nach Tag und Jahr das Geld mit Zinsen zurückzuzahlen. Rübezahl hörte ihn an und gab ihm einen Beutel mit 100 Talern, allerdings mit der Bedingung, das Geld mit Zins und Zinseszins wieder zurück zu haben. Der Bauer kaufte bei seinem Heimweg Essen für seine Familie und arbeitete Tag und Nacht, um das Geld wieder Rübezahl geben zu können".

„Als der Tag der Fälligkeit gekommen war, ging der Bauer mit seiner Familie zu der Höhle, wo Rübezahl wohnte, um ihn das Darlehen mit dem vereinbarten Zins und Zinseszins zu überreichen. Rübezahl jedoch erschien nicht, und nur ein starker Wind wehte die Blätter umher, darunter auch den Schuldschein. Der jüngste Sohn sammelte alles und überreichte es dem Vater. Dieser erkannte es als den Schuldschein, den er und Rübezahl unterschrieben hatten. In der Mitte dieses Scheins stand: Betrag dankend erhalten. Und der Bauer kehrte mit seiner Familie und dem Geld glücklich wieder nach Hause zurück.".

„Es gibt einige Rübezahl Museen, zum Beispiel in Görlitz, und auch einige Ausstellungen. Ebenfalls viele Filme, die besonders in der DDR gedreht wurden. Der Name Rübezahl gehört mit zum deutschen Volksgut".

„Wir haben viele männliche Riesen, aber man soll sich nicht täuschen, denn es gibt auch Riesinnen. Eine Sage berichtet von ihnen, und diese Riesin ist sehr modern, denn sie setzt sich gegen den männlichen Riesen durch, der sie in seiner Macht haben möchte":

Die Rosstrappe
(Quelle: Grimm)

„Der Harz mit seinem Mittelgebirge, einem Gebirge am Schnittpunkt von Niedersachsen, Sachsen-Anhalt und Thüringen, ist voller Sagen, Legenden und Geschichten. Dazu gehört auch die Rossrappe, ein 403 m hoher Felsgipfel, der gegenüber dem Hexentanzplatz liegt. Die Sage berichtet von einem großen Hufabdruck in den Granitfelsen gegenüber diesem Platz mit dem Bodetal, durch das der Bodenfluss fließt. Von diesem Rosstrappenberg möchte ich euch jetzt erzählen":

„Vor langer, langer Zeit sollen im Harzgebirge mächtige Riesen gelebt haben. Einer von diesen Hünen hieß Bodo von Böhmen, und dieser Riese hatte sich in eine schöne Riesen-Königstochter namens Brünnhilde verliebt. Dies war jedoch einseitig, denn Brünnhilde wies ihn als Freier ab".

„Eines Tages, als Bodo mit seinem Pferd im Harz jagte, stieß er auf Brünnhilde, die dasselbe tat. Bodo sah jetzt eine gute Gelegenheit, die geliebte Königstochter in seine Gewalt zu bringen. Diese versuchte, ihm zu entkommen, aber sein Pferd war schneller als das ihre, und am Hexentanzplatz, der hoch über dem Bodetal auf einem Felsplateau liegt, hatte er sie fast eingeholt. Da tat sich eine große Kluft vor ihr auf, die zwischen zwei großen Bergen lag. Sie gab ihrem Pferd die Sporen und sprang über das Tal hinweg, das heute das Bodetal heißt. Das Pferd landete auf den gegenüber liegenden Felsen, und der Aufprall der Hufe auf den Granitfelsen war so stark, dass er einen Abdruck in den Felsen hinterließ. Dieser Abdruck des Hufeisens ist bis heute noch zu sehen, und er ist heute unter dem Namen die Rosstrappe bekannt".

„Aber damit ist diese Sage nicht zu Ende. Auch Bodo sprang mit seinem Pferd über diese Kluft hinweg, aber da sein Pferd schwerer war als das ihre, fiel er in den Fluss, der heute seinen Namen trägt: die Bode. In diesem Fluss soll die Goldkrone liegen, die Brünnhilde bei ihrem verzweifelten Sprung verloren hatte. Viele Taucher haben versucht, diese Krone wieder an das Tageslicht zu bringen, aber bis heute hat es keiner geschafft, denn sobald sie mit der Krone die Oberfläche des Flusses erreicht hatten, zog ihre Schwere sie wieder unter Wasser, sodass alle jämmerlich ertranken".

„Auch in der Literatur fand die Rosstrappe ihren Niederschlag. Friedrich Gottlieb Klopstock schrieb eine Ode über sie, und er nannte sie Die Roßrappe. Die ersten Strophen daraus lauten":

Da steht der übrige Stamm des alten Haines umher,
Da enget das Thal der Fels überragend,
Auf dem das einzige Mal der Urjahrhunderte
Deutschlands
Der pfadverlierende Wanderer sieht.

Der Weidner fabelt ihn her: Ein Riesenroß
Ein hoher Reiter darauf, sprang über das Thal
Der schönen fliehenden Riesin nach!
Oben auf der Klippe ließ den Fußtritt das Riesenroß.

„Ein anderes Gedicht von Karl Rudolf Hagenbach ist dramatischer, denn man sieht die Riesin förmlich in Sattel. Sie fleht vor ihrem Verfolger, und dann wagt sie endlich den rettenden Sprung ":

Roßtrappe

(Sage vom Harz 1821)

Hurrah! Hurrah! In vollem Trab,
Thal aus, Thal ein, Berg auf, Berg ab
Und Felsen nieder, Klippen an,
Durch Sumpf und Moor und Dornebahn!
Wohin muss es so eilig sein,
Du schönes Königstöchterlein?

Und hinter ihr der Buhle her,
Er jagt das Roß, er schwingt den Speer;
Sie flieht vor seiner Tigerwuth –
Und ängstlich wallt ihr junges Blut.

Sie kommt an eine Schlucht und springt:

Der Rappe stutzt, der Rappe schäumt,
Wie er sich duckt, wie er sich bäumt!
Doch von des Dornes Sporn gejagt
Den kühlen Sprung er mutig wagt.
Und drüben hackt am Felsenstein
Sich seines Hufes Siegel ein.

„Und das, glaube ich, könnte die Moral dieses Ereignisses sein: wenn eine Frau Nein sagt, so meint sie auch Nein, und wer dieses Nein missachtet, dann geht es ihm wie Bodo – er wird bestraft".

„Über die Jahrhunderte hinweg lernten die Riesen mit den Menschen zusammen zu wohnen, ja, man kann sogar sagen, dass die Riesen auf die Menschen angewiesen waren. Davon zeugt die folgende Sage":

Die Legende der Burg Niedeck
(Quelle: Grimm)

„Meine Geschichte dreht sich um Burg Niedeck in der Fränkischen Schweiz, die jetzt verfallen ist, und die man nur noch als Ruine bewundern kann. Sie liegt nur ein paar Kilometer entfernt von Oberhasslacin 550 m Höhe, und ein Wasserfall macht sie zusätzlich zu einer Touristenattraktion. Das erste Mal erwähnt wird diese Burg im Jahr 1262. Zerstört wurde sie als Raubritternest im Jahre 1454. Die Brüder Grimm verzeichneten diese Burg und die mit ihr zusammenhängende Sage in ihrem Buch über deutsche Sagen."

„In der Sage von Niedeck geht die Tochter des Herrn von Niedeck hinunter in das Tal, wo sie die Bauern bei der Arbeit sieht. Sie hält diese Menschen für ein Spielzeug und nimmt sie mit auf die Burg, wo der Burgherr sie belehrt, dass es Bauern sind, ohne die die Insassen der Burg nicht existieren könnten".

„Adalbert von Chamisso war von dieser Sage so fasziniert, dass er eine Ballade über sie verfasst hat":

Das Riesenspielzeug (1831)

Burg Niedeck ist im Elsass der Sage wohlbekannt,
Die Höhe, wo vorzeiten die Burg der Riesen stand,
Sie selbst ist nun verfallen, die Stätte wüst und leer,
Du fragest nach den Riesen, du findest sie nicht mehr.

Einst kam das Riesen-Fräulein aus der Burg hervor,
Erging sich, sondern Wartung und spielend vor dem Thor
Und stieg hinab den Abhang bis ins Tal hinein,
Neugierig zu kunden, wie's unten möchte sein.

„Sie sieht dort die Bauern bei der Arbeit, mit ihren Pferden und Pflügen. Sie hält alles für ein Spielzeug, packt es ein in ihre Schürze und bringt es auf die Burg. Ihr Enthusiasmus wird jedoch nicht von ihrem Vater geteilt“:

Der Alte wird gar ernsthaft und wiegt sein Haupt und spricht:
Was hast du angerichtet? das ist kein Spielzeug nicht!
Wo du es hergenommen, da trag‘ es wieder hin,
Der Bauer ist kein Spielzeug, was kommt Dir in den Sinn!

Sollst gleich und ohne Murren erfüllen mein Gebot,
Denn, wäre nicht der Bauer, da hättest du kein Brot;
Es sprießt der Stamm der Riesen aus Bauernmark hervor,
Der Bauer ist kein Spielzeug da sei uns Gott davor!

„Das Frühmittelalter zeigt ein Erstarken der christlichen Religion, die alle Bereiche des menschlichen Lebens berührte. Wir haben Kreuzzüge zum Heiligen Land, viele Kirchen werden errichtet. Gleichzeitig haben wir jedoch ein Leben nach den heidnischen Werten, wie es zum Beispiel die Helden und auch die Frauen im *Nibelungenlied* aufweisen“:

Von Helden, Gott Suchern und Gott Missachtenden

Die Nibelungensage

„Ich möchte euch jetzt eine Sage erzählen, die mit zu den bedeutendsten Sagen Deutschlands gehört: die Nibelungensage. Um etwas gleich vorweg zu nehmen: es gibt viele Versionen der Sage, und ich beziehe mich hier auf eine der wichtigsten Überlieferungen, nämlich die Passauer Version. Diese Sage liegt mir sehr am Herzen, denn sie hat nicht nur viele Jahrhunderte überdauert, sondern dient auch als Inspiration für viele Künstler".

„Das *Nibelungenlied*, eine Heldensage, so wie wir sie heute kennen, wurde Ende des 12. und Anfang des 13. Jahrhunderts verfasst, also viele Jahre nach den historischen Ereignissen. Seine Ursprünge gehen somit bis in die Zeit der zweiten Völkerwanderung um 800 zurück, was auch zu der Auflösung des Burgunderreiches mit dem Hauptsitz in Worms führte. Viele historische Ereignisse wurden später hinzugefügt, wie zum Beispiel die Schlacht auf den Katalanischen Feldern im Jahre 451, der Tod Attilas, und auch die Gestalt Dietrichs von Bern, den ihr jetzt vor euch stehen seht".

„Das *Nibelungenlied*, das den Untergang des Burgunderreiches durch Kriemhilde zeigt, fällt in zwei Teile: Der erste Teil zeigt den starken Drachentöter Siegfried, Sohn des Königs Siegmund und seiner Gattin Sieglinde in Xanten, einer Stadt in Nordrhein-Westfahlen. Da Siegfried sich im Drachenblute badete, wurde er unverwundbar bis auf eine Stelle, die von einem Blatt bedeckt war. Es gibt eine Doppelhochzeit, auf der Siegfried Krimhilde heiratet und König Gunther die starke Brünnhilde, die der König nur durch eine Täuschung mit Siegfrieds Hilfe und seiner Tarnkappe gewann. Die Ehe zwischen Kriemhilde und Siegfried dauerte nicht lange. Da die beiden Königinnen, Kriemhilde und Brünnhilde, sich stritten, wurde Siegfried von Hagen von Tronje und Kriemhildes Brüdern während einer Jagd getötet".

„Dreizehn Jahre lang trauerte Kriemhilde um ihren Gatten, nahm aber dann den Heiratsantrag von dem Hunnenkönig Etzel, oder Attila an. Kriemhilde hatte die Mordtat an ihren Gatten nicht vergessen, und sie lockte die Burgunden oder Nibelungen ins Hunnenland, um sich zu rächen. Da Hagen von Tronje den von Siegfried erworbenen Nibelungenschatz in den Rhein versenkt hatte und Kriemhilde die Antwort verweigerte wo er lag, solange noch ihr Bruder Mitwisser sei, schlug Kriemhilde ihrem Bruder Gunther den Kopf ab. Als Hagen dennoch die Antwort verweigerte, erlitt er dasselbe Schicksal. Daraufhin tötete Hildebrand, mein

Waffenmeister, Kriemhilde. Insgesamt haben fast 30 000 Burgunden ihr Leben verloren".

„Dabei darf nicht vergessen werden, dass diese Dichtung gegen Ende des Heidentums verfasst wurde, also kein Werk ist, das aus der Sicht des Christentums entstanden ist. Dies wurde auch von Goethe festgestellt":

> Die Motive durchaus sind grundheidnisch. Keine Spur von einer waltenden Gottheit. Alles den Menschen... überlassen. Der christliche Kultus ohne den mindesten Einfluß. Helden und Heldinnen gehen eigentlich nur in die Kirche, um Händel anzufangen. Alles ist derb und tüchtig von Hause aus. Dabei von der gröbsten Rohheit und Härte. (Trunz, XIII, 348).

„Die heidnischen Elemente sind durchaus verständlich, denn der Bischof Wulfilas, ein Name, der zum Wolf gehörig bedeutet, hatte erst 350 die Bibel, hauptsächlich Teile des Neuen Testaments, ins Gotische übersetzt. Wir sind noch weit entfernt von dem christlichen Erlösungsglauben, wie Martin Luthers Hymne verlauten lässt, die von Johann Sebastian Bach in eine Kantate gekleidet ist: ‚Nun komm, der Heyden Heyland" '

„Eine wichtige Figur im ersten Teil ist der Zwerg Alberich, der über den Nibelungenhort wacht. Siegfried entwendet ihm seine Tarnkappe und seinen Gürtel, der ihn die Stärke von zwölf Männern verlieh. Siegfried benutzte beide Beutestücke, um dem König Gunther in seinem Kampf mit Brünnhilde zu helfen".

„Das *Nibelungenlied* von 2 400 vierzeiligen Nibelungenstrophen, die in 39 Aventiuren oder Abenteuer unterteilt sind, ist zwar ein Heldenepos, aber auch gleichzeitig gehört es in dem Bereich der Heimatsagen. In Worms, wo die Burgunden regierten, gibt es das Nibelungenmuseum. Die Nibelungen-Festspiele, die zum Teil auf Friedrich Hebbels *Nibelungen* beruhen, werden seit 2002 jährlich im Rahmen des Kultursommers Rheinland-Pfalz aufgeführt. Die Nibelungentreue, eine Gefolgschaftstreue, wurde im Dritten Reich sprichwörtlich. Richard Wagner mit seinem

Ringzyklus hat diese Sage populär gemacht, und es gibt viele Bücher, die diese Sage behandeln. Auch Goethe war mit dem *Nibelungenlied* vertraut, und er schrieb 1807, dass es ein Werk sei, ‚wovon wohl manches zu sagen wäre'(X, 500), und das hat er ja oft getan, wie so viele nach ihm es in Gedichten, Balladen, Opern, Theaterspielen, etc. getan haben. Diese Gestalten sind auch in das Alltagsleben der Münchener Bürger eingegliedert, denn einige Straßenzüge tragen ihre Namen, wie auch viele in Deutschland geborene Kinder".

„Wenn Goethe sagt, dass noch viel über dieses germanische Heldenepos zu sagen wäre, so nimmt er den Gedanken der ersten mittelalterlichen Nibelungenstrophe auf":

Uns ist in alten maeren wunders vil geseeit
von helden lobebaeren, von grôzer arebeit,
von fröuden, hôchgezîten, von weinen und von klagen,
vom küener recken strîten muget ir nu wunder hœren sagen.

„Es klingt sehr schön im Mittelhochdeutschen, einer Sprache, die heute nicht mehr gesprochen wird. Im Neuhochdeutschen würde es so lauten":

Uns ist in alten Erzählungen viel Wunderbares berichtet,
von Helden reich an Ehren von großer Mühsal,
von Fröhlichkeiten und Festen, von Weinen und Klagen,
und von dem Kampf tapferer Recken könnt ihr jetzt
Erstaunliches erfahren.

„Es ist kein Wunder, dass dieses mittelalterliche Werk jetzt als das Nationalepos der Deutschen klassifiziert ist. Es gibt wohl kein anderes Werk deutscher Sprache, das so spannend Fantastisches, Liebe, Täuschung, Betrug, verletzte Ehre, Heldenstärke, Superman, Hass, Rache. Geldgier, Mord und Massengemetzel vereint".

„Ich habe Schwierigkeiten, das Wort Heide zu verstehen", sagte Benjamin. „Es klingt doch sehr lustig, wenn man singt: Mein Leben ist wie Heide". „Da hast du recht", erwiderte der Berner, „aber denke an den Unterschied zwischen der Heide und die Heide. Vor vielen Jahrhunderten bezeichnete man die Menschen, die auf der Heide, also in der Wildnis wohnten, als Menschen, die unzivilisiert waren. Reste von dieser Bedeutung haben wir noch in den Verstärkungen Heidenlärm und Heidenspektakel, allerdings auch in dem Wort Heidenspaß. Und so war ein Kampf gegen die Heiden nicht nur ein religiöser Kampf, sondern auch ein kultureller. Denselben Unterschied kannst du auch im Englischen sehen, nämlich zwischen *heath* und *heathen*".

„Bedeutend weniger Hassgefühle, Rohheit, und auch heidnisches Denken finden wir in der folgenden Sage, die ich euch jetzt erzählen werde. Wir können sogar den Helden dieser Sage besichtigen, und zwar in der Stadt Bremen":

Der Roland von Bremen
(Quelle: Stadtführer Bremen)

Also ging die Reise nach Bremen. Sie brauchten nicht lange zu suchen, denn alle Wege führten zum Bremer Rathaus, vor dem die Rolandstatue stand. Auch hier standen viele Menschen herum, die ihre Fotos und ihre selfies machen wollten, denn seit 2004 stehen der Roland und das Rathaus auf der Liste der UNESCO. Diese Statue steht seit 1404 und symbolisiert die Freiheitsrechte der alten Hansestadt Bremen, und Roland ist damit der Schutzpatron dieser Stadt.

Am Marktplatz bestaunten sie die hohe und eindrucksvolle Rolandstatue. „Roland sieht ja aus wie ein Ritter aus dem Mittelalter, mit Kettenhemdkragen, Brustpanzer, Beinschienen und Schwert. Hatte er irgendetwas mit dem Mittelalter zu tun?", fragte Benjamin. „Ja", erwiderte Dietrich, „denn da hat er gelebt. In der Literatur erscheint er in dem gegen 1100 entstandenen *Chanson de Roland*, einem altfranzösischen Versepos.

In diesem Versepos geht es um die Kriegszüge von Karl dem Großen, oder Carolus Magnus. Sein Großvater war der Hausmeister Karl Martell, und sein Vater war Pippin der Jüngste, Pippin III., oder wegen seiner kleinen Gestalt Pippin der Kurze oder der Kleine genannt. Alle entstammten dem Geschlecht der Karolinger. Karl der Große war der erste Kaiser seit der Antike. Er ist bekannt für seine Sachsenkriege, in denen er die Christianisierung der Sachsen und die Unterwerfung Widukinds erzwang, der gegen ihn zu Felde gezogen war".

„Nach einigen Siegen über die Heiden zogen sich auch die karolingischen Streitkräfte nach Aachen zurück, der Residenzstadt des Kaisers, der dort die heißen Quellen für seine Leiden benutzte. Er übertrug seinem Heerführer und seinem angeblichen Neffen, Beschützer und Ratgeber die Aufgabe, die Einwohner des von den Heiden eroberten Landsitzes in Spanien zu beschützen. Durch Intrigen von Rolands Stiefvater Genelun kommt es zu einer Schlacht, und Roland und seine Streiter werden gefangen genommen und erleiden den Märtyrertod. Karl der Große kehrt zurück und bestraft die Heiden. In vielen Werken, die nach seinem Tode veröffentlicht wurden, galt Roland als Held und Beschützer der Christenheit, als Symbol der abendländischen Kultur gegen die morgenländische Kultur. Die Bremer glauben, dass die Stadt Freiheit und Unabhängigkeit so lange behält, wie die Rolandstatue vor dem Rathaus steht".

„Auch später wurde er noch hoch geehrt, denn Rolandstatuen wurden in vielen deutschen Städten errichtet. Auch der letzte Kaiser Deutschlands, Wilhelm II., finanzierte die Herstellung dieser Statuen, denn zu seiner Zeit symbolisierte die Statue die Treue seiner Untertanen. Und die berühmteste Statue steht in Bremen. Und natürlich ist die Rolandsstatue auch in die Literatur eingegangen, so zum Beispiel in einem Gedicht von Friedrich Rückert":

Roland zu Bremen (1814-1815)

Roland, der Ries‘, am
Rathaus zu Bremen
Steht er im Standbild
Standhaft und wacht.

Roland, der Ries’am
Rathaus zu Bremen
Kämpfer einst Kaisers
Karls in der Schlacht.

[...]

Roland, der Ries‘, am
Rathaus zu Bremen
Wieder wie weiland
Wacht er und wacht.

„Verewigt wurde er auch auf Plattdeutsch. Im Volksmund heißt es so“:

Roland mit dat kruse Haar,
Wat he kiekt so sonderbar!
Roland mit dem Waffenrock
Steht so stief als wie een Stock.
Roland mit de spitzen knie,
Segg mal, deit di dat nich weh?

Clara fragte jetzt, ob Karl der Große auch Kinder gehabt habe, und so erzählte ihnen der Berner die folgende Sage, in der der Sohn und

Nachfolger Karls des Großen, Ludwig der Fromme, eine große Rolle spielte:

Die Legende vom Tausendjährigen Rosenstock
(Quelle: Stadtführer Hildesheim)

„Diese Legende hängt mit der Bildungsgeschichte des Bistums Hildesheim zusammen, und ist datiert im Jahr 815. Ludwig der Fromme, der in dieser Gegend jagte, ließ zur Feier einer Messe ein kostbares Requiem in den Zweigen eines Rosenstocks hängen, vergaß es aber, als er weiter zog. Er erinnerte sich jedoch, kehrte zurück und wollte das Requiem aus dem Strauch herausziehen. Er konnte es jedoch nicht entfernen. Ludwig sah darin ein göttliches Zeichen, und er ließ an dieser Stelle eine Kapelle bauen, der später der Dom hinzugefügt wurde. Der Altar stand an der Stelle, wo der Rosenstock blühte".

„Dieser Rosenstock mit den Hundsrosen auf dem Friedhof des Doms blühte ununterbrochen über 1000 Jahre, und er ist das Wahrzeichen Hildesheims. Als am 22. März 1945 der Dom in einem Bombenangriff zerstört wurde, verbrannte auch der Rosenstock und lag unter den Trümmern begraben. Dann jedoch geschah ein großes Wunder: unter den Trümmern wuchsen nach acht Wochen 25 neue Zweige hervor. An diesen Zweigen bildeten sich viele Rosen, und bald darauf war der Rosenstock an der Axis des Doms wieder zu seiner imposanten Größe erwachsen. Er ist heute 21 m hoch und über 9 m weit. Wenn ihr wollt, können wir nach Hildesheim einen Abstecher machen, und ihr könnt dort nicht nur den Tausendjährigen Rosenstock bewundern, sondern auch den Hildesheimer Mariendom, der 1950 wieder auf den Grundmauern aufgebaut wurde. Und noch etwas, was ich euch mitteilen möchte. Dieser Rosenstock ist nicht nur ein religiöses Symbol, sondern auch ein Symbol für das Leben, das sich trotz aller Gefahren und Missstände nicht unterkriegen lässt, sondern das immer wieder hervorbricht und weiter lebt. Und man kann Rainer Maria

Rilke beipflichten, wenn er sagt: Es gibt Augenblicke, in denen eine Rose wichtiger ist als ein Stück Brot“.

„Ein unbekannter Dichter, oder eine anonyme Dichterin, hat einmal ein Gedicht geschrieben, das im *Führer durch Hildesheim* steht, und von dem eine Zeile lautet:

Ja, hier im stillen Hof ist heilig Land,
Wo sich am alternden Gemäuer
Die Rose schwingt bis an des Daches Rand –
Hier grüßt dich auch ein Busch im Feuer.

„Wenn wir von Helden der Vergangenheit sprechen, so dürfen wir nicht den Kaiser Rotbart, oder Kaiser Barbarossa vergessen, der ebenfalls in den Bereich der Deutschen Sagen gehört“:

Die Sage von Barbarossa (Quelle: Grimm)

„Es war die Zeit der Kreuzzüge, der sogenannten Heiligen Kriege, an denen auch Kinder teilnahmen, Kriege, in denen das Christentum gegen den Islam kämpfte. Die Kreuzzüge erhielten ihren Namen durch das Kreuz, das die Streiter auf ihren Gewändern trugen. Ihre Aufgabe war, Jerusalem von den Muslimen zu befreien. Dazu gehörte auch Friedrich I. aus dem Adelsgeschlecht der Staufer, wegen seines roten Bartes Barbarossa genannt, der von 1155-1190 Kaiser des Römisch-Deutschen Reiches war. Friedrich I. hatte schon von seiner Kindheit an einem Kreuzzug 1147-149 seines Onkels Konrad III. teilgenommen. Später kehrte er nach Jerusalem zurück und erlitt 1190 einen tragischen Tod, als er in einem Fluss ertrank“.

„Die Sage ließ ihn jedoch weiterleben in dem Kyffhäuserberg, einem Mittelgebirge südöstlich des Harzes in Thüringen. In den Tiefen dieses Berges ist ein großes Schloss, in dem der alte Kaiser weilt, zusammen mit der Streitkraft seiner Armee. Seine Hände stützen sich auf einen großen

Marmortisch, und sein roter Bart ist nicht nur einmal um den Tisch gewachsen sondern sogar zweimal. Alle 100 Jahre schickt er einen Zwerg, oder auch einen Knaben, aus dem Berg hinaus und lässt sich bei seiner Rückkehr die Antwort auf seine Frage geben, ob die Raben noch um den Berg fliegen. Ist die Antwort positiv, so ist die Zeit seiner Rückkehr noch nicht gekommen. Sollte die Zeit jedoch reif sein, kommt er hervor und hängt sein Schild an einen dürren Baum, der dann zu Grünen anfängt, und eine bessere Zeit wird in das Land kommen".

Hier wurde Dietrich von Benjamin unterbrochen: „Was ist denn die Bedeutung der Raben? Warum fragt Barbarossa, ob die Raben noch um den Berg fliegen?" „Ja, das ist eine interessante Frage", erwiderte Dietrich. „Die Raben sind allerdings viel älter als die Kreuzzüge, sie gehen zurück in die germanische Mythologie, wo sie in der *Edda* erwähnt werden. Odin, oder Wodan, den die Engländer und Amerikaner jede Woche am Wednesday feiern, schickte seine zwei Raben namens Hugin und Munin aus, um zu erfahren, was es Neues in der Welt gibt. Da die Raben sprechende Vögel sind, übermittelten sie der Gottheit alle Ereignisse der Welt. Und das geschieht auch mit den zwei Raben des Kaisers Barbarossa, die ihm die Neuigkeiten des Reiches übermitteln. So hat es auch der Dichter Friedrich Rückert in seiner Barbarossa Ballade (1817) beschrieben":

Der alte Barbarossa,
Der Kaiser Friedrich,
Im unterird'schen Schlosse,
Hält er verzaubert sich.

Er ist niemals gestorben,
Er lebt darin noch jetzt,
Er hat im Schloß verborgen
Zum Schlaf sich hingesetzt.
Er hat hinab genommen

Des Reiches Herrlichkeit,
Und wird einstwiederkommen,
Mit ihr zu seiner Zeit.

„Was der Kaiser Barbarossa symbolisiert, ist in diesem Gedicht enthalten: des Reiches Herrlichkeit, wie es unter dem Friedenskaiser Barbarossa existierte, soll wieder entstehen, aber die Zeit ist noch nicht gekommen. Die Reichsgründung geschah erst im Jahr 1871 unter Wilhelm I. Wilhelm II., ließ dann zwischen 1890-1896 das Barbarossa-Denkmal im Kyffhäusergebirge errichten, das mit einer 81 m Höhe eines der größten Denkmäler Deutschlands ist. Dieses Denkmal ist eigentlich ein Kaiser Wilhelm Denkmal, denn es zeigt den Herrscher auf einem Pferd sitzend, mit Kaiser Barbarossa zu seinen Füßen. Vielleicht können wir es uns später einmal anschauen, wie es auch jetzt viele Touristen tun. In der Kriegsgeschichte war Barbarossa auch der Deckname für die Invasion der deutschen Armee in die Sowjetunion, am 22.6.1941, und seit 1973 trägt auch ein neu entdeckter Asteroid seinen Namen“.

„Es ist nicht leicht, ein Ritter zu werden und für die christliche Botschaft zu kämpfen. Ich glaube, damals war es der Traum eines jeden Jungen, Ritter zu werden, genauso wie viele Leute davon träumen, einmal Astronaut zu sein. Der Weg dorthin ist nicht einfach, davon zeugt die folgende Sage“:

Parzival

„Parzival ist ein mittelhochdeutscher Versroman von 25.000 gereimten Versen des fränkischen Dichters Wolfram von Eschenbach; es ist eine der bedeutendsten Dichtungen der mittelalterlich-höfischen Kultur. Der Dichter verbindet in diesem Werk zwei Sagenkreise: Die Sage vom Heiligen Gral und die Tafelrunde des König Artus”.

„Gezeigt wird ebenfalls die Erziehung eines unwissenden Teenagers zum Ritter; es ist also ein epischer Bildungsroman. Als Sohn des verstorbenen größten Ritters seiner Zeit, Ganuret, wird er von seiner Mutter Herzeloide fern vor der Zivilisation im Wald erzogen, in der Hoffnung, dass er sich vor den Gefahren der Welt fernhält. Ihr Wunsch erfüllt sich jedoch nicht, denn als Parzival zwei prächtige Ritter sieht, hält es ihn nicht mehr zurück. Seine vom Tode gezeichnete Mutter steckt ihn in ein Narrenkleid, sodass die Leute über ihn lachen und ihn nicht ernst nehmen. Parzival, der sehr schön aussieht, macht sich jedoch auf den Weg zum Artushof, den er jedoch bald verlässt, in die Welt zieht und viele Aventiuren erlebt. Seine erste Heldentat ist, ein Reich unter der Herrschaft von Königin Condwiramur von ihrem Feind zu befreien. Dadurch gewinnt er die Hand der Königin. Es treibt ihn jedoch wieder fort, sodass er die Geburt seines Sohnes Lohengrin nicht miterlebt. Er gelangt auf die Gralsburg mit dem schwerkranken König Anfortas. Er erlebt dort mysteriöse Dinge, aber er fragt nicht, was sie bedeuten, und er stellte keine Fragen nach den Leiden des Königs. Am nächsten Tag ist die Gralsburg verschwunden".

„Das Leiden von Anfortas stammt von der Nichtbefolgung der Gralsverordnung: die Insassen der Burg haben ein Keuschheitsgebot abgelegt, und ihnen ist eine körperliche Liebesbeziehung untersagt. Nur der König darf heiraten, aber nur die Frau, die von Gott für ihn bestimmt ist. Er entscheidet sich jedoch für eine andere und dafür, „wird er mit Drangsal und beklagenswertem Herzeleid gestraft". Zur Strafe wird er dafür mit einem vergifteten Speer von einem Heiden verwundet":

> mit einem vergifteten Speer
> wird er beim Tjostieren verwundet
> sodass er niemals wieder gesund
> werden konnte; Denn das Eisen fuhr ihm durch die Hoden.

„Der König, zur körperlichen Liebe jetzt unfähig, leidet große Schmerzen und will sterben, aber sein Wunsch wird ihm nicht erfüllt, denn er wird durch den stetigen Anblick des Grals am Leben erhalten. Dieser Gral ist so schwer, ‚dass ihn die ganze sündige Menschheit nicht bewegen konnte‘. Der König kann nur durch die Mitleidsfrage erlöst werden, aber Parzival stellt diese Frage zuerst nicht. Er zieht weiter, kommt an den Hof des König Artus und wird dort deshalb von der Gralsbotin Cundrie verflucht. Parzival erhält jedoch eine zweite Chance, und als er wieder auf die Gralsburg kommt, stellt er die Schicksalsfrage: „Oheim, waz wirret dier?“. Dadurch wird der König von seinem Leiden erlöst, gewinnt seine ursprüngliche‘ schöne Gestalt zurück, und er kann sterben. Sein Tod sühnt somit die Verletzung von Gottes Willen. Nach seinem Tod wird Parzival von Cundrie zum Gralskönig gewählt. Nicht nur er, sondern auch sein Sohn Lohengrin werden dann Ritter des Heiligen Grals“.

„Und wenn ihr fragt, was der Heilige Gral ist, gibt es viele Antworten. Die beste ist, dass es der Kelch sein soll, den Jesus bei dem letzten Abendmahl benutzt haben soll, und mit dem später von Joseph von Aemathäa das Blut des gekreuzigten Jesus aufgefangen hat. Auf jeden Fall ist der Heilige Gral eine bedeutende religiöse Reliquie der Christenheit“.

„Tankred Dorst veröffentlichte 1987 *Parzival: ein Szenarium*, in dem er sich unter anderem auf das Werk von Wolfram stützte. Sein Heiliger Gral war ein aufglühender Stein aus Luzifers Krone, denn Luzifer war ja der Träger des Lichtes. Seine Sünde war, dass er sich für den Ursprung des Lichtes hielt und deshalb bestraft wurde“.

„Das mittelalterliche Werk von Wolfram von Eschenbach, in der Bearbeitung von Tankred Dorst, wurde nicht nur in Deutschland und in Europa gezeigt, sondern es begeisterte auch die Vietnamesen in Hanoi. Dort wurde im Jahr 2010 in einer Kooperation des Goethe-Instituts und des *Vietnam Musical and Ballett-Theaters* Eschenbachs episches Werk unter dem Titel ‚Der durch das Tal geht‘ geboten. Wie im diesem zeitübergreifenden Original wird die Geschichte von den unwissenden und naiven Parzival, dem ‚tumben Thor‘, erzählt, der sich aus den Armen seiner sterbenden Mutter entzieht, und in die Welt wandert, um Gott zu finden. Er lernt die Minne oder Liebe erkennen, und er lernt, dass Altruismus und

Empathie stärker sind als Hass und Eigensucht. Wenn ihr noch mehr über Parzival wissen wollt, so empfehle ich euch die Internetseite des ZDF: Der Historische Kanal unter der Rubrik ‚Superhelden'. Und die Parzivaloper von Richard Wagner hat das Interesse an diesen mittelalterlichen Stoff wachgehalten".

„Und wenn ihr fragt, was Parzival uns heute noch zu sagen hat, so meine ich das folgende: Für mich ist der Hauptsatz in der Schicksalsfrage, die Parzivals seinen Onkel stellt: „Oheim, waz wirret dier? – Oheim, wie ist dir?" Wenn jemand einen trifft, der Unerträgliches leidet, dann sollte man ihn nach dem Ursprung des Leidens fragen, denn wir sind alle Menschen und deshalb mit den anderen verbunden. Der Dichter des Parzival sagte einmal in einer Sentenz: „Ihr hättet Mitleid zeigen müssen mit ihm, den Gott gezeichnet hat, ihn nach den Leiden fragen müssen!" Parzival ist zu Anfang naiv und ein Narr, aber er entwickelt sich über die Empathie zu einem Wissenden und Verstehenden".

„Anders geht es in der Legendenballade Tannhäuser zu. Es ist die Geschichte eines Sünders, eines erotischen Sünders, der sein sündhaftes Leben bereut, eine Wallfahrt nach Rom unternimmt, aber vom Papst keine Absolution erhält, und der dann sein sündhaftes Leben weiter führt":

Tannhäuser

„Der Ritter Tannhäuser war ein mittelalterlicher Minnesänger und Dichter, der um 1250 gelebt hat. In seinem Tannhäuserepos beschreibt er einen fränkischen Ritter, der zum Venusberg kommt und dort sieben Jahre lang bei Frau Venus und ihren Nymphen und Nixen ein dem Eros gewidmetes sündiges Leben führt. Er fürchtet, dafür nach seinem Ableben in der Hölle ewiglich verdammt zu werden. Tannhäuser will das verhindern und nach einer inneren Einkehr geht er zum Papst Urban III., um dort einen Sündenerlass für seine Liebesfreuden bei Frau Venus zu erhalten. Dieser jedoch erteilt ihm keine Vergebung, und er symbolisiert dies, indem er einen dürren Zweig in die Erde steckt mit den Worten: ‚Genauso wenig wie dieser Stab wieder grünt, werden dir deine Sünden vergeben‘. Nach drei Tagen jedoch sah der Papst den Stab grünen, und er sah, dass bei Gott das möglich ist, was den Menschen versagt ist. Er sandte Botschafter aus, um Tannhäuser diese frohe Botschaft zu verkünden, aber Tannhäuser hatte sich wieder auf den Weg in den Venusberg begeben, wo Frau Venus ihn fröhlich empfang“.

„Besonders in der Romantik wurde das Thema Tannhäuser und der Venusberg eingehend behandelt. Wir finden den Venusberg zusammen mit Tannhäuser in Ludwig Tiecks Erzählung „Der getreue Ekkehard und der Tannhäuser“ (1799); in Joseph von Eichendorffs „Das Marmorbild“ (1819); und bei Heinrich Heine (1837). Die Wagner Oper *Tannhäuser und der Sängerkrieg auf der Wartburg* hält das Interesse an diesem mittelalterlichen Werk noch heute wach. Allerdings findet Tannhäuser bei Wagner die angestrebte Erlösung. Die Oper endet mit den Erlösungsworten:

> Heil! Heil! Der Gnade Wunder Heil!
> Erlösung war der Welt zuteil.
> Es tagt in nächtlich Heil‘ger Stund‘
> der Herr sich durch ein Wunder kund:
> den dürren Stab in Priesters Hand
> hat er geschmückt mit frischem Grün:
> dem Sünder in der Hölle Brand
> soll so Erlösung neu erblühen!
> […]
> Der Gnade Heil war dem Büßer beschieden
> nun geht er ein in den Seligen Frieden!

„Von den vielen künstlerischen Bearbeitungen des Tannhäuser Themas ist die von Heinrich Heine bemerkenswert. Der Minnesänger Tannhäuser war nicht mit Reichtümern gesegnet, wie zum Beispiel der bekanntere Walter von der Vogelweide, mit dem er konkurrierte. Die Minnelieder Tannhäusers sind durch einen provokativen Stil geprägt mit vielen erotischen Anspielungen, die besonders bei den Burgfrauen, deren Männer sich auf den Kreuzzügen befanden, gut ankamen. Eine Fernsehdokumentation schilderte ihn als den erotischen Popstar der Minnesänger. Er weist Ähnlichkeiten mit dem späteren Heinrich Heine auf, und so nimmt es kein Wunder, dass Heine seine Version des Tannhäuser-Motivs erotisch-provokant schildert":

Ihr guten Christen laßt euch nicht
Von Satans Lust umgarnen!
Ich sing euch das Tannhäuserlied,
Um eure Seelen zu warnen.

Der edle Tannhäuser, ein Ritter gut,
Wollt Liebe und Lust gewinnen,
Da zog er in den Venusberg,
Blieb sieben Jahre drinnen.

„Nach sieben Jahren jedoch schlug ihn sein Gewissen, und er wollte seine Seele vor dem Höllenbrand retten. Er geht zu seiner Geliebten, der Frau Venus, und sagt":

Frau Venus, meine schöne Frau,
Leb wohl, mein holdes Leben!
Ich will nicht länger bleiben bei dir,
Du sollst mir Urlaub geben.

„Frau Venus hat Einwände, und sie glaubt, dass er ihrer Liebe überdrüssig geworden ist, und dass ihre Verführungskünste und Liebebeweise bei ihrem Liebhaber versagten":

„Tannhäuser, edler Ritter mein,
Hast du mich nicht geküsset;

Küß mich geschwind und sage mir,
Was du an mir vermissest?
Habe ich nicht den süßesten Wein
Tagtäglich dir kedenzet?
Und hab ich nicht mit Rosen dir
Tagtäglich das Haupt bekränzet?"

„Alle ihre Verführungskünste und Liebesschwüre nützen bei ihm nicht, und er drängt darauf, sie zu verlassen. Da wirft sie ihn quasi aus dem Venusberg hinaus":

Weil ich dich geliebet gar zu sehr,
Hör ich nun solche Worte –
Leb wohl, ich gebe Urlaub dir,
Ich öffne dir selber die Pforte.

„Und wenn ihr wissen wollt, wo der Venusberg liegt, dann kann ich es euch sagen. Er liegt im Hochplateau westlich des Rheins in der Bundesstadt Bonn. Dieses Plateau ist gekrönt von dem Venusberg Hotel. Aber auch andere Gegenden erheben den Anspruch darauf, einen Venusberg zu haben. Das ist natürlich sehr gut für den Tourismus".

„Verbotene Liebe kann gefährlich sein, und das zeigt auch die folgende Sage, die sogar geographische Spuren hinterlassen hat":

Pater und Nonne
(Quelle: Heimatverein Lethmate)

„Pater und Nonne heißen zwei senkrecht stehende Gebirgsfelsen aus weißem Muschelkalk im Stadtteil Oestrich von Iserlohn in Nordrhein-Westfalen am Lenneufer. Mit dieser Namensgebung hat es folgendes auf sich":

„Die Sage berichtet, dass hier vor langer Zeit einmal ein Mönch gelebt hat, der aus der strengen Ordnung des Klosters geflohen war. Er baute sich ein luxuriöses Ritterschloss und lebte in Saus und Braus. Dann verliebte er sich in eine Nonne, die ihre Verwandten gegen ihren Willen in ein Kloster eingesperrt hatten. Sie lebten zusammen, ohne ihre klösterliche Tracht, die weißen Gewänder, abzulegen. Einmal kam ein Bischof zu ihnen als Gast und tadelte sie, denn der katholische Glaube verbietet das. Die Beiden jedoch missachteten diese Kritik, und sie warfen den Bischof in den Leine-Fluss, wo er ertrank. Gleich nach dieser Schandtat zog ein großes Gewitter auf, und der Mönch und die Nonne wurden nicht nur vom Blitz getroffen, sondern wegen der sündhaften Lebensart auch in die weißen Kalkfelsen verwandelt. Heute sind die beiden Felsen ein Teil des Naturschutzgebietes, und sie dürfen nicht betreten oder beklettert werden".

„Ludwig Bechstein, der sehr viel über die deutschen Sagen und Legenden geschrieben hat, hat auch ein Gedicht über diese Sage verfasst":

Der Pater und die Nonne

Ein Mönch und eine Nonne
Entschlüpfen dem Klosterchor,
Zu kosten die Worte der Liebe,
Und klimmen den Berg empor.

[...]

Sie gingen nicht wieder zum Thale,
In die Klöster nicht hinein,
Auf der Bergeshöhn hat ein Wunder,
Sie beide verwandelt in Stein.

Noch stehen zwei Felsengestalten
An jene Stelle gebannt,

Von den wundergläubigen Alten
Der Mönch und die Nonne genannt.

„Der Pater und die Nonne hatten ihr Wort gebrochen, ihr Leben den religiösen Vorschriften nach zu verbringen. Sie wurden dafür bestraft, denn ein Wort ist heilig. Dies wurde von dem Pater und der Nonne nicht eingehalten, wohl aber in der folgenden Geschichte, die zu einer Zeit entstand, in der das Wort noch bindend war“:

Ein Wort ist kein W an diesem Ort:

Das Huckepack der Liebe
(Quelle: Grimm)

„Ich will euch jetzt eine sehr alte Burg zeigen, deren Grundstein im 11. Jahrhundert gelegt wurde, und die heute nur noch als Ruine besteht. Diese Burg ist heute verfallen, aber nicht verfallen ist der Geist, den diese Ruine ausstrahlt. Viele Touristen besichtigen sie, hauptsächlich wegen der Geschichte, die mit dieser ehemaligen Höhenburg zusammenhängt“.

„Der populäre Name dieser Ruine ist Weibertreu, und sie liegt bei der Stadt Weinsberg im Landkreis Heilbronn in Baden-Württemberg. Diese Burg war zu Mitte des 12. Jahrhunderts im Besitz der Welfen, die mit dem Geschlecht der Staufer im Widerstreit lagen, denn beide Geschlechter trachteten nach der Herrschaft des Reiches. Am 21. Dezember 1140 kam es zu einer Feldschlacht zwischen den Staufern und den Welfen, und die Staufer unter ihrem König Konrad II. nahmen die Burg imnBesitz. Die Sieger drohten, alle Männer, die sich auf der Burg befanden, umzubringen, denn die welfischen Streitkräfte hatten viele der Hohenstaufer getötet; die Frauen jedoch sollten die Burg verlassen dürfen. Sie erhielten von Konrad die zusätzliche Erlaubnis, dass jede tragen dürfte, was sie gerne hatte. Die Frauen nahmen den König beim Wort, und sie verließen die Burg mit ihren

Männern auf den Schultern, denen sie so ihr Leben retteten. So kam die Burg zu ihrem Namen, die heute Weibertreu heißt".

„Später behandelten die Brüder Grimm in dem zweiten Teil der *Deutschen Sagen* diese Episode, und Adelbert von Chamisso im 19. Jahrhundert verfasste eine Ballade über *Weinsberg;* es gibt auch die Weibertreu Festspiele. Von Wichtigkeit jedoch ist auch, dass der Stauferkönig sein Wort gehalten hatte, und er die Frauen mit ihren Männern auf dem Rücken Huckepack forttragen ließ. Damals war ein Wort eine Garantie. Und so steht es auch in der *Cölner Chronik* von 1499, Bl. 169:

> Als Cönig Konrad II. den Herzog Welf geschlagen hatte [im Jahre 1140] und Weinsperg belagerte, so bedingten die Weiber der Belagerten die Uebergabe damit: daβ eine jede auf ihren Schultern mitnehmen dürfe, was sie tragen könne. Der König gönnte das den Weibern. Da lieβen sie alle Dinge fahren, und nahm eine jegliche ihren Mann auf die Schulter und trug den aus. Und da des Königs Leute das sahen, sprachen ihrer viele, das wäre die Meinung nicht gewesen, und wollten das nicht gestatten. Der König aber schmutzlachte und thät Gnade dem listigen Anschlag der Frauen: „ein königliches Wort" – rief er – „das ein Mal gesprochen und zugesagt ist, soll uns unverwandelt bleiben.

„Albert von Chamisso war so begeistert von dieser Tat, dass er 1831 eine Ballade über dieses Ereignis schrieb":

Die Weiber von Weinsperg

Der erste Hohenstaufen, der König Konrad lag
Mit Heeresmacht vor Weinsperg seit manchem langen Tag,
Der Welpe war geschlagen, doch wehrte sich das Nest,
Die unverzagten Städter, die hielten es noch fest.

Der Hunger kam, der Hunger! das ist ein scharfer Dorn,
Nun suchten sie die Gnade, nun fanden sie den Zorn:
„Ihr habt mir hier erschlagen so manchen Degen wert,
Und öffnet ihr die Tore, so trifft euch doch das Schwert".

Da sind die Weiber kommen: „Und muss es also sein,
Gewährt uns freien Abzug, wir sind vom Blute rein".
Da hat sich vor den Armen des Helden Zorn gekühlt,
Da hat ein sanft Erbarmen im Herzen er gefühlt.

„Die Weiber mögen abziehn, und jede habe frei,
Was sie vermag zu tragen und ihr das Liebste sei;
Laßt ziehen mit ihrer Bürde sie ungehindert fort,
Das ist des Königs Meinung, das ist das Königswort.

„So geschah es denn auch. Aber als die Tore sich öffneten, verließen die Frauen die Burg mit ihren Männern auf dem Rücken: ‚sie trugen ihren Eh'herrn, das war ihr bestes Gut' Konrad ließ sie gewähren, obwohl seine Berater Einwände hatten":

Gesprochen ist gesprochen, des Königs Wort besteht,
und zwar von keinem Kanzler zerdeutelt und zerdreht.

„Auch Gottfried August Bürger, der im 18. Jahrhundert lebte, und der auch heute noch durch seine *Abenteuer des Freiherrn von Münchhausen* bekannt is, schrieb eine Ballade über *Die Weiber vom Weinsberg*. Einige Stellen darin lauten":

Zur Zeit der stillen Mitternacht
Die schönste Ambassade
Von Weibern sich ins Lager macht,
Und bettelt dort um Gnade.

Sie bettelt sanft, sie bettelt süß,
Erhält doch aber nichts als dies:

„Die Weiber sollen Abzug han,
Mit ihren besten Schätzen,
Was übrig bliebe wolle man.
Zerhauen und zerfetzen".
Mit der Kapitulation
Schleicht die Gesellschaft trüb' davon.

Drauf, als der Morgen bricht hervor,
Gebt Achtung! Was geschieht?
Es öffnet sich das nächste Thor,
Und jedes Weibchen ziehet,
Mit ihrem Männchen schwer im Sack',
So wahr ich lebe! Huckepack. –

[...]

Ei! Sagt mir doch, wo Weinsberg liegt?
Ist doch ein wackres Städtchen.
Hat, treu und fromm und kluggewiegt,
Viel Weiberchen und Mädchen.
Ich muß, könnt mir das Freien ein,
Fürwahr! Muß Eins aus Weinsberg sein.

„Ein Wort ist bindend, nicht nur für einen König, sondern auch für seine Untertanen. Wird ein Wort gebrochen, so kann es unliebsame Konsequenzen zeigen, wie zum Beispiel in der folgenden Sage:"

Der Rattenfänger zu Hameln – pay up or else (Quelle: Grimm)

„Die Sage beginnt so: ‚Zu vermelden ist eine ganz ungewöhnliche, seltsame Geschichte, die sich in der Stadt Hameln im Jahr 1284 zugetragen hat'. Hameln ist eine mittelalterliche Stadt im heutigen Niedersachsen. Sie liegt an der Weser, und der nächste größere Ort, nur 50 km entfernt, ist Hannover. Hameln ist sehr berühmt, und dies hauptsächlich durch die Rattenfängersage. Die Zeit ist jetzt 1284 und Hameln hat eine große Plage – es gab zu viele Ratten und Mäuse, die in der Stadt herumlaufen. Dazu trug hauptsächlich bei, dass es damals keine Kanalisation gab, und dass die Leute die Essensreste aus den Fenstern einfach auf die Straße warfen, für die vielen Ratten und Mäuse ein richtiges Bankett.

Da geschah es, dass ein merkwürdig gekleideter Mann in die Stadt kam und dem Magistrat sagte, dass er für einen bestimmten Lohn in der Lage sei, die Stadt von der Nagetiersplage, von allen Ratten und Mäusen zu befreien. Der Bürgermeister der Stadt war sehr glücklich darüber, und er und der Senat sicherten ihm den versprochenen Lohn zu und auch, dass er in der Stadt bleiben dürfe".

„Am nächsten Morgen erschien der Rattenfänger auf dem Marktplatz, zog ein kleines Pfeifchen aus seiner Tasche und blies darauf. Es dauerte nicht lange, und hunderte, vielleicht sogar Tausende von Ratten und Mäusen rannten zu ihm. Er schritt dann zur Weser und stürzte sich in diese hinein, und alle Ratten und Mäuse folgten ihm und ertranken".

„Der Mann erschien nun am folgenden Tag auf dem Bürgermeisteramt und wollte seinen Lohn. Der Bürgermeister jedoch und der Senat hatten ihre Meinung geändert und verweigerten ihm die Bezahlung. Der Mann war zornig und lief weg. Er kam allerdings am nächsten Tag, am 24. Juni, in der Früh zurück, ging zum Marktplatz, zog sein Pfeifchen heraus und blies darauf. Da öffneten sich alle Tore und Türen der Häuser, aber statt der Mäuse und Ratten kamen Kinder, Buben und Mädchen, hervor, und folgten dem davon schreitenden Mann, alle 130 von ihnen. Die Eltern suchten ihre Kinder zu Lande und zu Wasser, in anderen Ortschaften, aber fanden sie nicht mehr – sie waren verschwunden und kehrten nie wieder zurück. Nur zwei von ihnen teilten nicht ihr Schicksal, aber sie waren keine Hilfe, denn das eine Kind war taubstumm und konnte den betrübten Eltern nichts berichten, und das andere Kind war blind".

„Diese Geschichte, die sich wie ein Märchen anhört, und die auch von Jacob und Wilhelm Grimm in ihren *Hausmärchen* aufgenommen wurde, inspirierte viele Komponisten. So auch 1879 den Elsässer Victor Ernst Nessler und Friedrich Hoffmann, die dieses Thema zu einer fünfaktigen Oper gestaltet haben. Ebenfalls komponierte Anton Adolph Heinrichs Neuendorff im 19. Jahrhundert eine komische Oper in vier Akten. Auch Bettina Weber komponierte eine Oper in einem Akt zum Rattenfänger von Hameln".

„Sogar unser Nationaldichter Goethe hat an dem Rattenfänger Gefallen gefunden und ihn in einem Gedicht verewigt, das allerdings weniger tragisch ist, denn es betont den Zauber der Musik, dem alle folgen müssen. Es ist auch kein Wunder, dass sein Gedicht später von Franz Schubert vertont wurde":

Der Rattenfänger

Ich bin der wohlbekannte Sänger,
Der vielgereiste Rattenfänger,
Den diese alt berühmte Stadt
Gewiβ besonders nötig hat;

Und wenn's Ratten noch zu viele,
Und wären Wiesel mit im Spiele;
Von allen säub're ich diesen Ort
Sie müssen miteinander fort.

Dann ist der gut gelaunte Sänger
Mitunter auch ein Kinderfänger,
Der selbst die wildesten bezwingt,
Wenn er die goldenen Märchen singt.
Und wären Knaben noch so d tutzig,
Und währen Mädchen noch so trotzig,
In meine Saiten greif ich ein,
Sie müssen alle hinterdrein.

Dann ist der vielgewandte Sänger
Gelegentlich ein Mädchenfänger;
In keinem Städtchen gelangt er an,
Wo er's nicht mancher angetan.
Und wären Mädchen noch so blöde
Und wären Weiber noch so spröde,
Doch allen wird so liebebang
Bei Zaubersaiten und Gesang.

„Wenn ihr euch das Stück einmal ansehen wollt, so empfehle ich euch, in den Sommermonaten nach Hameln zu gehen, wo ihr es unentgeltlich sehen könnt. Es wird auf der Hochzeits-Terrasse gespielt und lockt viele Touristen an".

„Das alles klingt sehr schön", sagten die Kinder „aber was sollen wir von dem Rattenfänger lernen, denn diese Geschichte ist so unglaublich". „Möglichkeiten sind zum Beispiel eine Naturkatastrophe, wie ein Erdrutsch oder eine Lawine, die die Kinder in die Tiefe riss, oder die Kinderfeldzüge zu dieser Zeit, oder auch eine Auswanderung nach dem Osten, und dies entweder aus religiösen oder ökonomischen Gründen. Ich persönlich sehe das anders", sagte Dietrich. „für mich steht in dieser Sage eine sehr wichtige Botschaft. Diese Botschaft ist, dass man sein einmal gegebenes Wort halten soll, denn wenn man es nicht tut, dann geschieht ein großes Unheil".

„Gibt es auch Sagen, die sehr lustig sind, sodass man lachen muss?", fragte Benjamin. „Ja, ich glaube, die gibt es" sagte Dietrich, „aber es gibt auch Geschichten, die wie die Sagen didaktisch sind. Sie halten uns einen Spiegel vor, in dem wir sehen können, wie dumm einige von uns doch eigentlich sind, und wenn wir uns im Spiegel beschauen, so lernen wir etwas über uns und machen es besser. Auch die Literatur will uns einen solchen Spiegel vorhalten, in dem wir unsere Torheit erkennen sollen. Ich gebe euch ein paar Beispiele":

Von Narren und Schalken

Das Narrenschiff

„Das Narrenschiff von Sebastian Brant, einem Gelehrten, Theologen und Kirchenkritiker (1488-1521), ist ein solcher Spiegel, denn er zeigt in satirischer Weise die Schwächen des Menschen. Es ist ein Produkt des ausgehenden Mittelalters, 1494 veröffentlicht, und dieses Buch wurde sogleich ein Bestseller; es wurde das erfolgreichste deutsche Buch vor der Reformation. Es ist eine Moralsatire, in der über 100 Personen verschiedenen Standes und Alters auf einer Schifffahrt nach dem fiktiven Land Aragonien. Die Insassen des Bootes sind nicht geschlechtsspezifisch unterteilt, denn die gesamte Menschheit ist nicht besser geworden trotz der Lehren in derr Heiligen Schrift, die von vielen verachtet ist":

Die Männer sind nicht Narren allein,
Man findet auch Närrinnen viel,
Denen ich Kopftuch, Schleier und Will (=der Schleier der Nonnen)
Mit Narrenkappen hier bedecke.

„In der Unterhaltung werden Laster und Sünden erwähnt, die den Menschen ihr Spiegelbild zeigen, oder wie es in der Vorrede heißt:

Den Narrenspiegel ich dies nenne,
In dem ein jeder Narr sich kenne;
Wer jeder sei, ich dem Beschied,
Der in den Narrenspiegel sieht.

„Sogleich ins Lateinische übersetzt, später auch in viele andere Sprachen, hat es an Bedeutung bis heute sehr wenig verloren. Die 112 Kapitel schildern menschliche Unzulänglichkeiten wie Laster und unvernünftiges Verhalten in menschlichen Beziehungen und auch in der Politik".

„Gegeißelt wird unter anderem die Buchweisheit, die man sich angelesen, aber nicht verstanden hat, denn wie Brant schreibt:

Im nahen Tanz voran ich gehe,
Da ich viel Bücher um mich sehe,
Die ich nicht lese und verstehe.

„Später, im Zeitalter der Frühromantik, drückt Friedrich Schlegel diesen Gedanken folgendermaßen in einem Aphorismus aus":

Wenn ein Buch und ein Kopf zusammenstoßen und es klingt hohl, muss die Schuld nicht immer beim Buchliegen.

„Auch die Haben-Menschen auf Kosten der Sein-Menschen werden kritisiert":

Wer setzt sein' Lust in zeitlich Gut,
Und darin sucht sein' Freud und Mut,
Der ist ein Narr in Fleisch und Blut.

„Ebenfalls werden die Männer, die von Liebschaft zu Liebschaft rennen, aufs Korn genommen. So lässt er Venus sagen":

An einem Seile ich nach mir zieh
Viel' Affen, Esel und Narrenvieh
Ich täusche, trüge, verführe sie.

„Die Völlerei, das Prassen, wird ebenfalls unter Beschuss genommen":

Die künftige Armut billig fällt,
Wer Völlerei stets nachgestellt
Und sich den Prassern zugesellt.

„Dieses närrische Verhalten wird der Ansicht des Weisen in dem Kapitel ‚Der weise Mann' gegenübergestellt, der so wenig auf die Ansichten des tonangebenden Adels wie auf das Geschrei der unvernünftigen Menge achtet. *Das Narrenschiff* gehört mit in die Gruppe der Narrenliteratur; andere Beispiele dieses Genres sind das *Lob der Torheit* (1509) des Humanisten Erasmus von Rotterdam, *Till Eulenspiegel* (1515) und die *Schildbürger* (1597). *Das Narrenschiff* wurde europaweit eine der beliebtesten Veröffentlichungen und Bestsellern".

„Die Beliebtheit kann man an der Resonanz erkennen, die dieses Werk auslöste. Der Renaissancemaler Hieronymus Bosch malte gegen 1500 sein Narrenschiff-Gemälde, das heute im Louvre in Paris hängt. Der Narrenschiffbrunnen von Jürgen Weber steht in Nürnberg, und das Narrenschiff- Denkmal von Horst Eichle steht zu Ehren Sebastian Brants in Ehingen an der Donau. Es wurden auch viele Bücher über das Narrenschiff verfasst".

„Auch in der Religion spielte das *Narrenschiff* eine Rolle. Thomas Murner (1475-1537), der elsässische Dichter, Satiriker und Franziskaner, der 1505 von dem späteren Kaiser Maxim I. zum *poeta laureatus* ernannt wurde, bezieht sich in seiner Schrift.

*Die Narrnenbeschwerung (*1512) auf Brants *Narrenschiff*. In seinem Werk werden am Ende die Narrheiten durch einen Exorzismus ausgetrieben. Murner kritisierte die Missetaten der katholischen Kirche, wandte sich aber gegen eine Kirchenspaltung durch Luther, indem er in seinem Gedicht von dem großen Luthterischen Narren warnte".

„Reinhard Mey besingt in seinem Lied *Das Narrenschiff*, das als Kritik der Wohlstandsgesellschaft interpretiert werden kann, und der Chorus lautet unter anderem":

Der Steuermann lügt, der Kapitän ist betrunken,
Und der Maschinist in dumpfe Lethargie versunken
Die Mannschaft lauter meineidige Halunken
Der Funker zu feig', um SOS zu funken
Klabautermann führt das Narrenschiff
Volle Fahrt voraus und Kurs auf's Riff
[...]

Man hat sich glatt gemacht, man hat sich arrangiert
Und die hohen Ideale sind havariert
Und der große Rebell, der nicht müd' wurde zu streiten
Mutiert zu einem servilen, giftigen Gnom
Und singt lammfromm von dem alten Mann in Rom
Seine Lieder, fürwahr: es ändern sich die Zeiten!
Einst junge Wilde sind gefügig, fromm und zahm
Gekauft, narkotisiert und flügellahm
Tauschen Samtpfötchen für die einst so scharfen Krallen
Und eitle Greise präsentieren sich keck
Mit immer viel zu jungen Frauen auf dem Oberdeck
Die ihre schlaffen Glieder wärmen und ihnen das Essen
Vorkauen.

„Das Lied endet mit einer Warnung“:

Es ist, als hätten alle den Verstand verloren
Sich zum Niedergang und zum Verfall verschworen
Und ein Irrlicht ist ihr Leuchtfeuer geworden

„Die Überflussgesellschaft“, so singt Reinhard Mey, „ändert den Charakter des Menschen. Er denkt weniger und lässt sich von der Politik sein Leben bestimmen. Er ist stumm, wie es auch Parzival war“. Dieselbe Kritik ist auch in dem folgenden Beitrag enthalten. Es ist keine Sage, hat aber wie diese eine starke künstlerische Rezeption“:

Das Lob der Torheit

„Es gibt bekanntlich sieben Todsünden, und wer diese begeht, gibt die Gemeinschaft mit Gott auf. Zu den sieben Todsünden zählen: Hochmut oder Eitelkeit; Geiz oder Habgier; Wollust oder Genusssucht; Zorn oder Wut; Völlerei oder Gefräßigkeit; Neid oder Missgunst; und Faulheit oder Ignoranz. Diese Charaktereigenschaften werden als Hauptlast gesehen; zusätzlich gibt es noch andere“.

„Das *Buch der Torheit*, geschrieben von dem Humanisten Erasmus von Rotterdam (1466-1536) im Jahr 1509, als er seinen Freund Thomas Moore in England besuchte, enthält all diese Todsünden, plus noch einige dazu. Es ist der Beginn des Sklavenhandels, die Zeit der Bücher- und Hexenverbrennungen und der Folterungen im Namen der Religion. Das Buch wurde gleich nach der Veröffentlichung ein Bestseller der Weltliteratur und erschien noch zu Lebzeiten des Autors in 36 Auflagen, denn Satiren waren zur Zeit der Renaissance sehr begehrt“.

„Zu Anfang tritt Stultia an das Katheter und beginnt: ‚Nur mir allein ist es zu verdanken, dass Götter und Menschen frohgemut und heiter sind‘. Sie, zusammen mit ihren Töchtern Vergesslichkeit, Faulheit und Lust symbolisiert den erstrebenswerten Lebensinhalt wie Schmeichelei, Bestechlichkeit, Eigenliebe, und die Menschen sind glücklich darüber".

„Unter die Lupe genommen werden alle Menschen, alle Stände und Berufe, und auch die Kirche. Alte Menschen, die sich dem Greisenalter nähern, finden ihren Weg wieder in die frühe zahnlose Kindheit zurück; Schriftsteller, die ohne Vorarbeit das schreiben, was ihnen gerade einfällt, Juristen, die die Wahrheit aus den Augen verlieren; Philosophen, die mit ihren Lehren unbrauchbar für das tägliche Leben sind; Theologen, die das als Scharfsinn bezeichnen, was die Menge nicht begreift; Fürsten und Könige, die nicht regieren können und die Staatseinkünfte in ihre eigene Tasche stecken. Sie denken nicht an die Weisheit Ciceros, , der forderte: ‚Salus populi suprema lex esto – das Wohl des Volkes sei das höchste Gesetz'. Auch die Päpste und andere kirchliche Würdenträger huren herum und denken mehr an sich als an die Gläubigen: ‚*In summa* ergibt sich eine verrückte Welt... Einer verrückter als die anderen, denn es tut halt so sauwohl, keinen Verstand zu haben', Die Sterblichen bitten um Erlösung von allen möglichen Nöten, aber nicht um Befreiung von der Torheit".

„Die Frage ergibt sich nun, warum die Obrigkeit nicht eingeschritten ist, um das Buch und seine Veröffentlichung zu untersagen. Wahrscheinlich war der Grund hierfür, dass es erstmals eine Frau war, die die staatlichen und religiösen Institutionen in satirischer Weise angriff, und dann war sie auch eine Närrin, also jemand, den man nicht ernst nehmen muss oder kann. Erst auf dem Konzil von Trient (1545) wurde das Buch auf den Index gesetzt.".

„Dieses Werk hat viele Dichter zu ihren eigenen Werken inspiriert. Man kann es jetzt auf Youtube hören, wo *L'Élogie de la Folie* zu der musikalischen Begleitung von Harfen auf Deutsch vernommen werden kann. Aber es gibt daneben Dutzende von Auflagen, die dieses Werk bis zu unserer Zeit am Leben erhalten haben".

„Wenn die Römer sagen: „*Tempora mutantur, nos et mutamur in illis* (die Zeiten ändern sich, und wir ändern uns in ihnen), so trifft das nicht auf den Gehalt des ursprünglichen Narrenschiffs zu. Es ist auch heute noch, oder besonders heute, ein erschreckend aktuelles Werk. Es passt hier die Aussage des Heutigen in Max Frischs Farce *Die chinesische Mauer*, wo es heißt“:

> Heißt dies Geschichte, daß der Unverstand
> Unsterblich wiederkehrt und triumphiert?

„Dieses Zitat stimmt nicht ganz, denn der Unverstand war immer da, zu allen Zeiten. Torheit bedeutet Mangel an Einsicht, oder kurz: Mangel an Verstand. Und dass ist auch die Bedeutung der folgenden Sage“:

Eulenspiegel, der Schalk, und seine Streiche
(volkdtümliche Überleferung; erschinen 1515; 1519)

„Die erste Frage ist: wer war Till Eulenspiegel, und hat er wirklich gelebt? Ja, das hat er. Geboren wurde er 1300 in Kneitlingen im Kreis Wolfenbüttel in Niedersachsen. Er starb um 1350 in der Eulenspiegelstadt Mölln, einer Kleinstadt in Schleswig-Holstein, wo auch die berühmte Eulenspiegelstatue steht. Er hat also wirklich gelebt, und das ist sehr wichtig für die vielen sagenhaften Streiche, die er begangen hat. Der Name Eulenspiegel ist schon ein sprechender Name, d. h., er braucht nicht allzu viele Erklärungen. Die Eule ist in der Antike der Vogel der Weisheit, und der Spiegel ist ein Gegenstand, in dem man sich erkennt. Beides zusammen bedeutet, dass jemand, der klüger und weiser ist als andere, den anderen einen Spiegel vorhält, in dem sie ihre Unzulänglichkeiten erkennen sollen. Im Plattdeutschen bedeutet der Name Ulenspeygel so viel wie ‚Leck mich am Arsch‘. Er war kein Narr, obwohl er manchmal mit einer Narrenkappe ausgezeichnet ist, sondern jemand, der durch Witz und Klugheit seinen Zeitgenossen überlegen ist. Ging er weg, zeichnete er eine Eule mit einem Spiegel in den Krallen, und die Unterschrift lautete: hic fuit – er ist hier gewesen. Heute hieße es: hic est – er ist hier, immer noch“.

„Eulenspiegel nahm die Sprache wörtlich. Als er einmal nach Braunschweig kam, suchte ein Bäckermeister gerade einen Gesellen, der ihm beim Backen helfen konnte. Er sah Till Eulenspiegel und fragte ihn, ob er backen könne. Eulenspiegel bejahte es und fragte ihn, was er backen solle. Da wurde der Bäckermeister wütend, denn ein Bäcker backt eben nur Brötchen und Brot. In seiner Wut sagte er: ‚Backe dann eben Eulen und Meerkatzen'. In der Nacht, als der Bäckermeister schlief, mischte Eulenspiegel die Zutaten und machte Eulen und Meerkatzen daraus, die er ausbackte. Als der Bäckermeister in der Früh in die Backstube kam und sah, was Eulenspiegel getan hatte, ließ er ihn wieder gehen, wollte aber für den Teig und die Zutaten bezahlt bekommen. Eulenspiegel bezahlte ihm, was er wollte, nahm dann die Backwaren in einem Korb mit und ging weg. Am Sonntag stellte er sich vor die Kirche, und da es gerade der Vortag zum Nikolaustag war, kamen viele Kinder und Erwachsene und kauften ihm schnell seine Ware weg, denn alles sah sehr lustig aus. Als man dies dem Bäckermeister hinterbrachte, lief er schnell zur Kirche, aber Till Eulenspiegel hatte sich schon mit seinem Geld, das bedeutend mehr war als das, was er der Bäcker gezahlt hatte".

„Als Eulenspiegel einmal durch Hessen wanderte und sich am Wege ausruhte, kam der Landgraf vorbei und fragte ihn, welchen Beruf er ausübe. Eulenspiegel sagte ihm, dass er ein Maler sei. Da es die Absicht des Landgrafen war, viele Künstler bei sich zu haben, fragte er ihn, ob er ihm auch ein Bild malen könne. Er habe ein ganz bestimmtes Bild im Sinne, nämlich von ihm und seiner Familie. Eulenspiegel sagte zu, und zog auf das Schloss ein, wo ihm ein Zimmer zugewiesen wurde für seine Staffelei. Er blieb dort wochenlang, und aß und trank nach Belieben".

„Nach einiger Zeit jedoch wollte der Landgraf das Bild sehen. Eulenspiegel erfüllte ihm seinen Wunsch, sagte aber, dass es mit dem Bild etwas Sonderbares habe. Nur der könne das Bild sehen, der ehelich geboren sei. Dann zeigte Eulenspiegel dem Landgrafen das Bild, der es sehr lobte, obwohl nichts auf der Leinwand zu sehen war. Er wollte sich nicht dem Makel aussetzen, unehelich geboren zu sein. Dasselbe tat auch seine Frau und viele andere des Hofes. Nur eine junge Frau, die das Bild betrachtete, rief: ‚Da ist doch nichts drauf, das ist doch nur die weiße Leinwand. Und ich kann es zugeben, da ich unehelich geboren bin, denn das weiß doch jeder. Das ist kein Geheimnis‘. Da wurden die anderen nachdenklich und wollten Till Eulenspiegel zur Rede stellen. Der aber war schon über alle Berge mit dem Geld, das man ihm gegeben hatte“.

„Als Eulenspiegel nach Nürnberg kam, klebte er überall Plakate an die Mauern und an das Rathaus, die ihn als Wunderdoktor auszeichneten. Es dauerte auch nicht lange, da kann der Direktor des Krankenhauses zum Heiligen Geist und bat ihn um Hilfe, denn das Krankenhaus sei vollkommen überfüllt, und das Geld für die Pflege werde immer knapper. Eulenspiegel sagte zu, verlangte aber 200 Gulden, die der Direktor nach langem Zögern bewilligte. Als Gegenleistung versprach Eulenspiegel, alle Kranken an einem Tag zu heilen“..

‚Am nächsten Tag begab sich Eulenspiegel in das Krankenhaus und machte die Runde zwischen den Betten. Jedem sagte er das gleiche: ‚Ich kann dich gesund machen, denn ich habe ein fabelhaftes Rezept. Allerdings ist es nötig, einen von euch zu Pulver zu verbrennen, das ihr einnehmen müsst, um gesund zu werden‘. Eulenspiegel holte dann den Direktor und sagte allen Kranken: ‚Wer sich gesund fühlt, stehe auf und gehe nach Hause‘. Blitzschnell standen alle Kranken auf und verließen das Krankenzimmer, denn keiner wollte der Kränkste sein. Eulenspiegel kassierte das Geld und verließ die Stadt am selben Tag. Am nächsten Tag kamen alle Kranken zurück und krochen wieder in ihre Betten. Sie erzählten dann auch dem Direktor, was ihnen Eulenspiegel gesagt hatte. ‚Ich bin ein Esel, dass ich diesem Mann seine Geschichte geglaubt habe‘, sagte der Direktor, der 200 Gulden ärmer war“.

„Aber sind die Esel so dumm, wie man glaubt? Eulenspiegel machte sich das zu Nutze für seinen nächsten Streich. Er ging in die Stadt und sagte dem Magistrat, dass er den Eseln das Lesen beibringen könne. Der Bürgermeister war erfreut, denn die Kinder dieser Stadt hatten Schwierigkeiten mit dem Lesen, und er glaubte, dass man diese Methode bei ihnen anwenden könne. Sollte er dazu in der Lage sein, sagte der Bürgermeister, würde man ihm einen schönen Batzen Geld geben".

„Eulenspiegel mietete von einem Bauern zwei Esel, und er gab ihnen den ganzen Tag nichts zu fressen. Dann erstand er ein altes Buch, schrieb auf eine Seite ein i, auf die folgende Seite ein a, und er wiederholte das im ganzen Buch. Er streute zwischen die Seiten ein paar Körner Hafer, legte das Buch in die Krippe und holte nicht nur die Esel, sondern auch den Bürgermeister herbei. Die Esel schrien laut ihr i, drehten schnell die Seite um und lasen das a, was bei ihnen ganz natürlich klang. Der Bürgermeister staunte, und die anderen, die dazu gekommen waren, ebenfalls. Sie überreichten Eulenspiegel den versprochenen Lohn und freuten sich schon auf die anderen Buchstaben im Alphabet. Sie warteten lange, denn Eulenspiegel hatte sich schon längst davon begeben".

„Man kann auch heute noch mit dem bisschen Fantasie das i-a hören, und zwar in der symphonischen Dichtung *Till Eulenspiegels lustige Streiche* von Richard Strauss, der einige Male einen schnellen Tonwechsel von den Obertönen zu den Untertönen hinein komponiert hat. Walter Braunfels komponierte auch eine Oper *Ulenspiegel* in drei Aufzügen, die 1913 im Hoftheater Stuttgart zur Uraufführung kam".

„Im Mittelalter wurde Till Eulenspiegel besonders bekannt durch die Fastnachtspiele von Hans Sachs (1494-1576), der in Nürnberg lebte. In dem Fastnachtspiel *Eulenspiegel mit dem blauen Hosentuch und den Bauern auf dem Markt zu Uelzen* (Niedersachsen) begab sich Eulenspiegel auf den Jahrmarkt, um mit den dummen Bauern Schabernack zu spielen. Nach kurzer Zeit sah er einen Bauern kommen, der ein grünes Hosentuch vor sich her trug. Der Bauer ist sehr stolz, einen so schönen Hosenstoff für neun Taler erstanden zu haben. Eulenspiegel verbesserte ihn und sagte, dass die Hose nicht grün, sondern blau sei. Nach einigem Wortwechsel gehen die beiden eine Wette ein. Sollte jemand kommen und die Farbe des Stoffes als blau bezeichnen, so würde der Bauer Eulenspiegel die Ware geben. Es dauerte nicht lange, und Klaus Würfel, ein passionierter Spieler, kam daher. Zum Schiedsrichter aufgerufen, sagt er ‚Ein Narr, der es für Blau nicht häl'.

Der Bauer wünschte jedoceh noch eine zweite Meinung zu hören, und als ein Schottenpfaff kamt, bemerkte Eulenspiegel":

Dort geht ein frommer Priester her,
gefällt dir zu einem Schiedsmann der?

„Der Bauer stimmte zu mit":

Ja, der fromm' Priester gefällt mir wohl,
der uns die Sach' entscheiden soll.

„Der Priester, nach seiner Meinung gefragt, erklärte dann":

Wenn ich die Wahrheit sagen soll,
Bei meinem priesterlichen Amt,
Euch zu gut und Nutzen beidesamt,
Daran mir nichts geht zu noch ab,
So ist das Hostuch himmelblau.

„Der Bauer hatte die Wette verloren und überreichte das Hosentuch dem Eulenspiegel, der sich dann den anderen zwei zuwendet und sagt: , Laβ uns drei nun ums Hosentuch zanken'. Die Reaktion des betrogenen Bauern ist":

Ei das soll euch der Teufel danken!
Ihr seid Schalk' und Bösewicht' alle drei,
Ich glaub, daβ keiner besser sei
Denn der andere um ein faul Ei.

„Bevor der Bauer wütend davon geht, wütend, denn er muss jetzt mit geflickten Hosen tanzen gehen, wünscht er den Bösewichtern noch eines":

Da rein will ich dir wünschen dann,
wenn du die Hosen nun legst an,
daβ du muβt in die Hosen scheiβen.

„Es gibt auch Dutzende von Gedichten über Eulenspiegel. Eines der schönsten ist von Christian Fürchtegott Gellert (1715-1769). Aus diesem Gedicht könnt ihr lernen, dass Gegensätze zusammengehören, denn was wäre der Tag ohne die Nacht? Die Nacht gebiert doch den Tag, sie ist sozusagen die Mutter des Tags“:

Till

Till Eulenspiegel zog einmal
mit andern über Berg und Tal.
So oft als sie zu einem Berge kamen,
ging Till an seinem Wanderstab
den Berg ganz sacht und ganz betrübt hinab;
allein, wenn sie berganwärts stiegen,
war Eulenspiegel voll Vergnügen.

‚Warum‘, fing einer an, ‚gehst du bergan so froh, bergunter so betrübt?‘ –

‚Ich bin‘ sprach Till, ‚nun so.
Wenn ich den Berg hinunter gehe
So denk ich Narr schon an die Höhe,
die folgen wird, und dann vergeht mir dann der Scherz;
allein, wenn ich berganwärts gehe:
So denke ich an das Tal, das folgt, und faβ ein Herz‘.

„Das ist eine schöne Geschichte“, sagte Clara, „aber ich verstehe eines nicht. Der Bauer hat doch gemerkt, dass die drei alle Bösewichter sind, die ihm einen Schabernack spielen wollen. Sie waren unehrlich und haben ihn betrogen. Warum aber hat er ihnen dann die Hose gegeben? Er hätte doch alles Recht dazu, dies zu verweigern". „Ja, du hast Recht, aber dann ist etwas an dieser Geschichte dabei, die dir das erklären könnte. Der Bauer hat doch Eulenspiegel sein Wort gegeben. Wenn jemand käme, der behauptete, die Hose sei blau, dann hätte er die Wette verloren. Im Mittelalter bedeutete das Wort sehr viel, und wenn man es einmal gegeben hat, so war es auch bindend. Wir haben es schon bei Rudolf gesehen. Sein Wort muss man halten".

„Till Eulenspiegel ist tot, aber sein Geist geht noch um. Gefeiert wird er in Museen, auf Statuen und auf Münzen ist er abgebildet, er erscheint in musikalischen Werken und in Filmen.

Literarisch inspiriert wurde zum Beispiel Gerhart Hauptmann mit seinem Sprechtheater-Schauspiel *Till Eulenspiegel.* Hauptmann aktualisiert die Abenteuer Eulenspiegels dadurch, dass er einem aus dem Ersten Weltkrieg zurückkehrenden Soldaten die verheerenden Zustände Deutschlands in den zwanziger Jahren zeigen lässt und der Welt sozusagen einen Spiegel vorhält. Sein Trachten ist, die Wahrheit dieses Geschehens zu finden. Ebenfalls hat Erich Kästner ein Kinderbuch über Till Eulenspiegel geschrieben".

„Wissen Sie noch eine andere lustige Sage, dass man lachen kann?", fragte Benjamin. „Ja, sie gibt es, und wenn man sie hört, dann kann man wirklich dabei lachen:":

Die Schildbürger: es ist nicht immer gut, klug zu sein (volkstümliche Überlieferung)

„Die Entstehung der Schildbürger kann im Jahr 1597 datiert werden, als ein anonymer Dichter dieses Buch in Straßburg veröffentlichte. Es wurde sogleich ins Deutsche übersetzt und die Lokalität verdeutscht. Es gab einmal ein kleines Städtchen namens Schilda in Deutschland, und die Bürger darin wurden die Schildbürger genannt. Diese wurden überall wegen ihrer Klugheit hoch gerühmt. Viele Leute kamen in das Städtchen, um sich Rat zu holen, und viele Herrscher luden die Schildbürger ein, zu ihnen zu kommen, um sich von ihnen Rat geben zu lassen. Zuerst ging alles ganz gut, aber dann stellten sich Probleme ein. Da die Männer fort waren, mussten Kinder und Frauen die Arbeit verrichten. Das war sehr schwer, und auf den Feldern verdorrte das Getreide, und die Häuser verfielen, da keiner da war, um sie zu reparieren. Die Männer vernahmen das in der Fremde, und als sie wieder nach Hause kamen, sahen sie das Unheil. Sie setzen sich zusammen und berieten, was nun zu tun sei. Da hatte einer von ihnen die Idee, sich dumm zu stellen, denn ihre Klugheit hatte sie ja zu diesem Missstand geführt. Wenn sich aber herumspricht, dass man dumm ist, so lachen die Leute über einen, aber lassen ihn sonst in Frieden. Und so geschah es auch, dass die Schildbürger sich so dumm anstellten, dass jeder über sie lachte und nicht nur über sie, sondern auch über alles, was sie taten".

„Das erste, was sie planten, war der Bau des Rathauses. Sie holzten viele Bäume ab, befreiten sie von ihrem Blattwerk und versahen das Dach mit Dachziegeln. Dann gingen sie hinein und wollten feiern. Da bemerkten sie, dass es drinnen dunkel war. Kein Lichtstrahl kam herein, denn sie hatten nicht daran gedacht, Fenster einzubauen. Sie waren ratlos und wussten zuerst nicht, wie sie dem abhelfen konnten. Da hatte einer von ihnen eine Idee und sagte: ‚Im Rathaus ist es dunkel, aber draußen scheint die Sonne. Wir müssen das Tageslicht einsammeln und in das Rathaus bringen, und damit wäre das Problem doch gelöst'. Die anderen stimmten ihm begeistert zu und gingen schnell nach Hause, um sich mit Säcken, Eimern und anderen Gefäßen zu bewaffnen, in denen sie das Tageslicht hinein scheinen ließen, um es dann schnell in das Rathaus zu bringen. Einer hatte die Idee, mit einer Heugabel das Tageslicht aufzuspießen. Nach getaner Arbeit war es aber immer noch dunkel. Die Männer saßen ratlos da und wussten nicht, was man tun sollte".

„Da kam ein wandernder Künstler daher und fragte die Männer, warum sie so verzweifelt aussahen. Die Männer erzählten ihm ihre Misere und zeigten in das dunkle Rathaus. Sie baten ihn um Rat, und der Künstler überlegte nicht lange. Er sagte: ‚Deckt das Dach ab, und dann habt ihr wieder Licht in eurem Gebäude'. Die Männer taten, was der Künstler ihnen anempfohlen hatte, und siehe: es war Licht da. Alle konnten es sehen, aber nur einer nicht: der Künstler, denn er hatte sich, nachdem er den ausgehandelten Lohn empfangen hatte, schon über alle Berge davon gemacht".

„Die Schildbürger hatten Glück, dass es den ganzen Sommer nicht regnete. Aber dann kam der Winter mit Regen, Schnee und Eis, sodass alles nass wurde. Sie hielten wieder Rat, und nach einiger Zeit bemerkte einer, dass es gut wäre, wieder ein Dach auf das Gebäude zu setzen. Gesagt – getan. Die Schildbürger setzten wieder das Dach auf, bemerkten dann allerdings, dass es im Rathaus dunkel war. Nichts hatte sich geändert. Da hatte jemand die gute Idee zu bemerken, dass sie beim Bauen vergessen hatten, Fenster einzuplanen. Diese Idee kam ihm, als er in der Mauer einen kleinen Riss bemerkte, durch den ein kleiner Sonnenstrahl nach innen fiel. Dieser Ratschlag gefiel allen, und jeder durchbrach die Mauer, um für sich ein Fenster zu haben. Es war ein Rathaus dann, das einmalig auf der ganzen Welt war".

„Dann geschah es, dass ein großer Krieg ausbrach, sodass viel zerstört wurde. Die Schildbürger hatten Angst um ihr Hab und Gut, und besonders um die Glocke, die oben auf dem Rathaus befestigt war, und die zu Krisenzeiten die Leute alarmierte. Sollten Feinde in ihre Stadt kommen, so würden die Bürger nicht nur ihr Hab und Gut verlieren, sondern auch die Glocke, die dann eingeschmolzen wurde, um Kugeln zu gießen. Die Schildbürger versammelten sich und berieten, was man nun tun könne. Sie entschlossen sich, die Glocke abzuhängen und im See zu versenken. Sollte der Krieg zu Ende gegangen sein, könnte man ja wieder die Glocke bergen und an ihren alten Platz aufhängen. Dieser Ratschlag gefiel allen; sie hängten die Glocke ab und brachten sie gemeinsam auf ein Schiff, mit dem sie bis zur Mitte des Sees ruderten. Mit vereinten Kräften gelang es ihnen, die Glocke über den Schiffsrand zu heben und zu versenken. Da rief einer:

‚Wie können wir die Glocke wiederfinden? Der See ist doch so groβ, dass wir sie nie wieder finden werden‘. Dem ist leicht abzuhelfen‘, erwiderte der Bürgermeister. Er nahm ein Messer und schnitt eine tiefe Kerbe in den Bootsrand. ‚Da, wo die Kerbe ist, da liegt doch die Glocke‘, und alle glaubten, damit das Problem gelöst zu haben. Als der Krieg vorüber war, fuhren sie mit dem Boot zur Mitte des Sees. Die Kerbe war noch da, aber die Glocke war für immer verloren“.

„Nach einiger Zeit ging den Schildbürgern der Salzvorrat zu Ende. Sie wussten allerdings, dass Salz für das Leben notwendig war, denn ohne Salz würden die Menschen sterben. Da hatte einer von ihnen eine Idee, auf den Feldern statt Getreide Salz auszusäen, um es auf natürliche Weise wachsen zu lassen. Sie fuhren dann im Frühjahr auf einen Acker hinaus und säten das Salz aus. Nach einiger Zeit grünte der Acker, und die Schildbürger freuten sich, als sie es sahen. Ein Schildbürger ging einmal auf das Ackerfeld hinaus und wollte von dem Salzkraut kosten. Es waren aber Brennnesseln, und er verbrannte sich die Zunge. Die Schildbürger aber freuten sich, denn für sie war das ein gutes Zeichen, dass das Salz reif war. Dann wurde beschlossen, das Salzkraut zu ernten, aber als sie es mähen wollten, verbrannten sie sich Fuß und Hand, sodass sie es sein ließen. Und nun hatten die Schildbürger noch weniger Salz als zuvor. Eine typische Fehlinvestition “.

„Ist diese Geschichte auch wahr? Gibt es eine Stadt, die Schilda heißt?“, fragte Benjamin, der alles genau wissen wollte. „Ob es diese Stadt in der Vergangenheit gegeben hat, weiß ich nicht“, erwiderte der Berner Dietrich. „Aber sie existiert zu unserer Zeit, zusammen mit den Schildbürgern, und ihrer Dummheit, die sprichwörtlich geworden ist. Einige Schildbürger sitzen heute in der Regierung, und sie machen Gesetze, die die Dummheit der Schildbürger noch übertreffen. So will ein Land eine Mauer errichten lassen, sodass notleidende Menschen nicht hereinkommen können. Allerdings auch nicht die Waren, die in vielen Ländern hergestellt werden. Das führt dann zu einem großen Verlust für alle Länder“.

„Kurt Tucholsky hat den Menschen einmal folgendermaßen beschrieben: , Der Mensch ist ein Wirbeltier und hat eine unsterbliche Seele. [...] Er hat auch zwei Augen, zwei Ohren, zwei Arme und Beine, und dann auch zwei Überzeugungen, eine, wenn es ihm gut geht, und eine, wenn's ihm schlecht geht. Die letztere heißt Religion'. Er hat aber nicht erwähnt, dass die Überzeugung in den gu ten Zeiten die bedeutend schlimmere ist, denn Narzisten jubeln, wenn es den anderen schlechter geht als ihnen".

„Ein anderer Schildbürgerstreich ist die Erlaubnis, Waffen zu kaufen. Das tun dann auch viele und erschießen damit andere, darunter auch Kinder in den Schulen. Der Klimanotstand, der viele Leute dazu führt, ihr Heimatland zu verlassen, wird dadurch nicht besser, wenn die Leute immer noch Autos kaufen, die mit ihrem Kohlendioxid dazu beitragen, die Welt zu vernichten. Von dem Müllnotstand und dem Flop in der Energiepolitik ganz zu schweigen. Einige Schildbürger müssen auch nach Frankreich ausgewandert sein. In Creil, nördlich von Paris, baute man ein sehr großes Krankenhaus, das jetzt leer steht, denn man hatte vergessen, die Instrumente für operative Zwecke ebenfalls zu bestellen. Und so gibt es viele Beispiele, dass die Schildbürger nicht ausgestorben sind, sondern auch heute noch existieren und ihre Dummheit zur Schau stellen".

„Und ob es Schilda wirklich gegeben hat, lässt sich nicht genau feststellen. Aber es gibt viele Städte, die die Schildbürgerstreiche für sich in Anspruch nehmen, denn sie sind bedeutende Touristenmagnete. Zum Beispiel das Städtchen Teterow in der mecklenburgischen Schweiz, also im Herzen von Mecklenburg-Vorpommern. Diese Stadt, die schon 1235 Stadtrechte erhalten hatte, wird als Schilda des Nordens betrachtet, und jedes Jahr, genau eine Woche vor Pfingsten, feiert man dort das traditionelle Hechtfest, das mit einem großen Festumzug beginnt".

„Die Legende erzählt, dass vor vielen Jahren ein Fischer mit seinem Jungen auf dem See fischte, und als er seine Netze wieder einziehen wollte, bemerkte er, dass sein Netz besonders schwer war. Mit vereinten Kräften zogen sie das Netz an das Boot heran, konnten es aber trotz aller Mühe nicht ins Boot bringen. Der Grund war ein riesengroßer Hecht, der sehr temperamentvoll sich weigerte, in das Boot gezogen zu werden. Der Fischer zog ihn an den Strand und viele Leute kamen, um den großen Hecht zu bestaunen. Die Bürger beschlossen, ihn zum alljährlichen Königsschießen zu präsentieren, das allerdings erst in drei Monaten stattfinden sollte. Sie fanden dann eine Lösung, den Fisch frisch zu halten. Sie befestigten eine Glocke an den Hals des Hechtes, hievten ihn in das Boot und ließen ihn in der Mitte des Sees weiter schwimmen. Sie merkten sich die Stelle der Freilassung genau, denn sie schnitten eine Kerbe in den Bootsrand, genau da, wo der Fisch dem Wasser wieder übergeben wurde. Als die Zeit kam, den Hecht zu präsentieren, und man auf den See hinaus fuhr, kamen die Fischer mit leeren Händen zurück. Die Kerbe am Bootsrand half nicht, und die Glocke konnte man nicht hören, denn inzwischen hatte sich der Hecht in andere Gewässer begeben. Aber das Ganze war kein 100 %iger Verlust, denn jedes Jahr kommen Tausende von Touristen, die dieses Stück im Theater sehen, und die mit ihrem Geld die Wirtschaft des Städtchens beleben".

„Da wir gerade vom Wasser sprechen, so fällt mir ein, dass es in Deutschland viele Seen gibt, insgesamt 969 natürliche und künstliche Standgewässer, und diese sind größer als 0,5 km². Außerdem grenzt der Norden Deutschlands an die Ost- und Nordsee. So nimmt es nicht Wunder, dass es viele Sagen von Wassergeistern gibt, die die Gewässer bewohnen":

Nixen, Klabautermänner, Piraten und der Brauch des Polterabends

Die Sage von Vineta (volkstümliche Überlieferubg)

„Diese Sage von einer untergegangenen Stadt hat viele Quellen, die bis in das Jahr 1000 zurückreichen. Wenn ihr wissen wollt, wo Vineta gelegen hat, so ist die Antwort unbestimmt. Der Sage nach hat Vineta an der vorpommerschen Ostseeküste existiert. Wenn ich sage: Vineta hat existiert, so bedeutet das, dass es heute nicht mehr existiert – dies ist eine versunkene Stadt. Einige glauben, dass sie vor der Ostseeinsel Wollin gelegen haben soll. Zu ihnen gehört auch Rudolf Virchow, der einmal gesagt hat: Wollin ist Vineta"..

„Für den Grund des Untergangs von Vineta gibt es zwei Antworten – eine Erklärung ist sehr realistisch, die andere sagenhaft. Realistisch ist, dass die Insel bei einem Sturm unterging; der andere Grund ist, dass die Stadt wegen ihres Hochmuts und ihrer Verschwendungssucht bestraft wurde. Die Stadt wurde jedoch gewarnt, denn dreimal erschien die Stadt mit all ihren Gebäuden und Türmen am Horizont, ein Zeichen, dass der Untergang der Stadt bevorstand. Viele Einwohner verließen deshalb die Insel".

„Vineta hat viele Künstler zu ihren eigenen Werken inspiriert, zum Beispiel Johann Ludwig Wilhelm Müller (1794-1827), der der Autor der *Schöne[n] Müllerin* ist. Johannes Brahms hat dieses Gedicht in seinem Opus 42, Nummer 2, für 6-stimmigen Chor *a capella* vertont. Auch Franz Schubert hat eine Komposition dazu gemacht. Müllers Vinetagedicht lautet":

Vineta (1825)

Aus des Meeres tiefem, tiefem Grunde
Klingeln Abendglocken dumpf und matt,
Uns zu geben wunderbare Kunde
Von der schönen alten Wunderstadt.

In der Fluten Schoß hinab gesunken,
Blieben unten ihre Trümmer stehn,
Ihre Zinnen lassen goldene Funken
Widerscheinend auf dem Spiegel sehn.

[…]

Aus des Herzens tiefem, tiefem Grunde
Klingt es mir, wie Glocken, dumpf und matt,
Ach, sie geben wunderbare Kunde
Von der Liebe, die geliebt es hat.

Eine schöne Welt ist da versunken,
Ihre Türme bleiben unten stehn.
Lassen sich als goldne Himmelsfunkten
Oft im Spiegel meiner Träume sehn.

Und dann möcht ich tauchen in die Tiefen,
Mich versenken in den Wiederschein,
Und mir ist, als ob mich Engel riefen
In die alte Wunderstadt herein.

„In Heinrich Heines *Buch der Lieder* findet sich das ‚Seegespenst', ein Gedicht über Vineta":

Seegespenst

Ich aber lag am Rande des Schiffes,
Und schaute, träumenden Auges,
Hinab in das spiegelklare Wasser,
Und schaute tiefer und tiefer –
Bis tief, im Meeresgrunde,
Anfangs wie dämmernde Nebel,
Jedoch allmählich farbenbestimmter,
Kirchenkuppel und Türme sich zeigten
Und endlich, sonnenklar, eine ganze Stadt,
Altertümlich niederländisch,

Und menschenbelebt.

Bedächtige Männer, schwarz bemäntelt,

Mit weißen Halskrausen und Ehrenketten

Und langen Degen und langen Gesichtern,

Schreiten, über den wimmernden Marktplatz,

Nach dem treppenhohen Rathaus,

Wo steinerne Kaiserbilder Wache halten mit Zepter und Schwert [...]

„Zusätzlich war Vineta Inspiration für viele andere Gedichte, Opern, Schauspiele, Spielfilme, Fernsehserien, Board Games, etc. dies nicht nur in Deutschland, sondern auch in Österreich, wo Jura Soyfer sein Schauspiel *Vineta* (1937) verfasste, ein didaktisches Stück, das durch den alten betrunkenen Matrosen Jonny vor der kommenden Vernichtung durch den Krieg und der Verdummung der Menschen warnt. Seit 1997 gibt es auch die Vineta-Festspiele, in Zinnowitz, in denen ein junger Schäfer am Ostersonntag sieht, wie die versunkene Stadt im Ostseebad Zinnowitz auf der Insel Usedom wieder aus dem Wasser auftaucht, was mit Tanz, moderner Musik und Laserstrahlen gefeiert wird".

„Vineta soll der Sage nach wirklich existiert haben, ob das Folgende von dem Kobold-Klabautermann gesagt werden kann, ist recht fragwürdig. Er ist eben ein Fantasie-Phänomen, mit guten, schlechten und gefährlichen Eigenschaften":

Der Kobold-Klabautermann

„Jeder an der Waterkant kennt ihn, jeder glaubt an seine Existenz, aber es gibt nur sehr wenige, die vorgeben, ihn gesehen zu haben. Er soll rote Haare und grüne Zähne haben, auch eine Tabakpfeife, und er treibt gern Schabernack. Sein Name ist: Klabautermann, und wenn man sich der Mühe unterzieht, herauszufinden, was der Name eigentlich bedeutet, der findet heraus, dass Niederdeutsch *klabastern* so viel bedeutet wie lärmend herumgehen oder poltern".

„So gehört er auch zur Familie der Wasserkobolde, und Poltergeister. Sehen kann man ihn auch an Land, denn es gibt einige Skulpturen von ihm; eine von ihnen steht in der Nähe des deutschen Schifffahrtsmuseums in Bremerhaven, als Matrose mit Hammer und Seemannssack. Zuhause ist er auf Schiffen, meistens auf Segelschiffen. Er ist fleißig, und er warnt den Kapitän, wenn Gefahr droht. Auch wenn man ihn nicht sehen kann, weiß man, dass er da ist, denn wenn es poltert, dann ist es er gewesen. Ist er einmal auf dem Schiff, bleibt er auch; geht er, dann geht das Schiff unter".

„Es gibt viele Gedichte über ihn, wie zum Beispiel das von August Koipsch":

Flink auf! die lustigen Segel gespannt!
Wir fliegen wie die Vögel vom Strand zu Strand,
Wir tanzen auf Wellen um Klipp'und Riff,
Wir haben das Schiff nach dem Pfiff im Griff,
Wir können, was kein anderer kann:
Wir haben einen Klabautermann.
Der Klabautermann ist ein wackerer Geist,
Der alles im Schiff sich rühren heißt,
Der überall, überall mit uns reist,
Mit dem Schiffskapitän flink trinkt und speist;
Beim Steuermann sitzt er und wacht die Nacht,
Und im obersten Mast, wenn das Wetter kracht.
[...]

Nicht Sturm, nicht Wurm, ihm ficht nichts an:
wir haben den wahren Klabautermann.

„Ein anderes Klabautermanngedicht wurde von Christian Morgenstern verfasst, ein Gedicht, bei dem man sogar lachen kann":

Klabautermann,
Klabauterfrau,
Klabauterkind
im Schiffe sind.
Die Küchenfei
erblickt die drei.
sie schreit: 'O Graus
das Stück ist aus'!

„Poltergeister dagegen sind nicht nur ans Wasser gebunden, sondern sie existieren auch auf dem Lande. Ein Brauch in Deutschland ist der Poltergeisterabend, oder kurz der Polterabend. Am Vorabend der Hochzeit kommen Bekannte oder Hausbewohner, und sie zerschmettern altes Porzellangeschirr vor der Wohnungstür. Die Hoffnung ist, dass alle bösen Geister durch den Krach vertrieben werden und dem neuen Paar Glück und Zufriedenheit für ihre Ehe sichern. Denn wie es heißt: ‚Scherben bringen Glück' . Aber nur Porzellanscherben; Glasscherben bringen Unglück. Bevor die Braut und der Bräutigam ihr Ja-Wort sagen, gehen Einladungen zum Polterabend gewöhnlich von den Eltern der Braut an die eingeladenen und auch nicht eingeladenen Hochzeitsgäste":

Polterabend feiert man nach alter Sitte,
wir haben dabei eine kleine Bitte.
Lasst das Glas in diesem Fall zurück,
nur echte Scherben bringen Glück.
Gepoltert wird am …um … Uhr,
dann gibt es auch Champagner pur

„Nicht alle Hochzeiten gehen festlich aus, denn es gibt immer einige, die nicht das Glück haben, die Frau ihrer Träume geheiratet zu haben. Dann schlägt die Liebe um in Bosheit, wie in der folgenden Sage":

Die Sage vom Hans-Heiling-Felsen
(Quelle: Grimm)

„Zwischen Loket-Eibigen und Karlsbad fließt die Elbe durch ein tief eingeschrittenes Tal, das Hans-Heling-Tal. Im Wasser ragen seltsam geformte Granitfelsen hervor, die die Hans-Heiling-Felsen genannt werden. Die Frage ist nun: was hat dieser Mann mit der Felsengruppe zu tun? Die Namensgebung geht auf folgendes Geschehen zurück“ :

„Vor langer Zeit gab es dort einmal einen Mann namens Hans Heiling, der sehr viel Geld besaß, sodass man ihn reich nennen konnte. Er hatte jedoch einen merkwürdigen Lebensstil, denn jeden Freitag schloss er sich ein und verriegelte die Türen und Fenster. Er tat es, denn er hatte einen Pakt mit dem Teufel geschlossen, der ihn zu dieser Zeit aufsuchte. Als er sich in ein schönes Mädchen verliebt hatte, und diese ihm auch ihr Ja-Wort gegeben hatte, änderte es seine Meinung und heiratete einen anderen, und dies zu Mitternacht. Der Ex-Freier erschien und rief aus: ‚Teufel, wenn du diese vernichtest, kannst du mich holen‘. Der Teufel führte diesen Auftrag aus und alle Anwesenden wurden in eine Felsenformation verwandelt. Man kann die Braut und den Bräutigam erkennen, den Brautvater und all die anderen Gäste, und auch die Stelle, an der Hans Heiling sich in die Eger gestürzt hatte“.

„Abgeändert erschien dieses Thema in einem Gedicht von Eduard Dietrich, der diese Sage mit einer Moral versah – man solle seine ihm angetraute Frau nicht für eine andere verlassen“:

Hans Heiling spazierte am Egerstrand,
Da zischt’s, es brausen die Wellen.
Empor steigt die Nixe und reicht die Hand
Dem Hans, dem schmucken Gesellen.
Entzückt schwur der Treue, dem schönen Weib,
Doch kaum war ein Jahr verflossen,
Da hatte er sich so zum Zeitvertreib,

In eine Grete verschossen,
Er wollte sie führen zum Traualtar.
Das brachte die Nixe in Wut.
Sie fluchte mit Donnerstimme dem Paar
Und tauchte hinab in die Flut. –
Die Nixe umgab sich mit Glanz und Pracht,
Sie hatte sich ganz verfeinert.
So muss nun Hans Heiling voll bitterer Reu‘
Als Steinbild das Ufer zieren.
Hans, Hans du hast eine Dummheit gemacht!
Stehst da nun zur Strafe versteinert.
So muss nun Hans Heiling zur bitterer Reu‘
Als Steinbild das Ufer zieren.
Drum besser: man bleibt seiner Alten treu,
Da kann das gar nicht passieren.

„Diese böhmische Sage wurde zu einer Inspiration für eine romantische Oper von Heinrich Maschiner, der in Karlsbad zur Kur weilte und seinem Librettisten Eduard Devrient, zuerst aufgeführt an die Berliner Hofoper im Jahre 1833. Diese Oper endet jedoch nicht mit der Versteinerung des Brautpaares“.

„Hans Henling ist in der Oper der Prinz der Erdgeisterwelt, die er gegen den Wunsch seiner Mutter verlassen will, da er sich in die Erdfrau Anna verliebt hat, die er zu heiraten gedenkt. Anna findet das magische Buch, das Hans Heiling mitgenommen hat und entdeckt die Wahrheit über seine Herkunft. Hans verbrennt das Buch auf ihren Wunsch. Beide gehen zu einem Fest, auf dem Anna ihren ehemaligen Freund Konrad sieht, einen Jäger, und sie geht mit ihm weg. Sie liebt Konrad, bleibt aber Hans Heilings Braut. Auf ihrem Rückweg erscheint die Königinmutter von Heinz Heiling und bittet Anna, ihren Sohn frei zu geben, denn er ist der Prinz der Unterwelt. Zuhause angekommen, will Hans Heiling sie mithilfe von Juwelen gewinnen. Anna liebt jedoch Konrad, und die Heirat ist für den nächsten Tag festgesetzt. Hans erscheint ebenfalls und befiehlt seinen Erdgeistern alle zu töten, lässt sie aber auf Wunsch seiner Mutter weiter leben. Hans Heiling kehrt dann allein in die Unterwelt zurück".

„Die Variation dieser Legende hat ein positives Ende, denn hier gibt es nicht Gewalttätigkeit, Mord und Totschlag. Anders dagegen ist die Geschichte von Klaus Störtebeker. Er war eine Person aus Fleisch und Blut, und mit Blut endet diese Sage, die ebenfalls viele Künstler zu ihren eigenen Werken inspiriert hat":

Die Legende von Klaus Störtebeker (volkstümliche Überlieferung)

„Viele Menschen glauben, dass Klaus Störtebeker ein echter Seeräuber gewesen ist. Allerdings ist seine Herkunft nicht bestimmt, denn einige denken, dass er in Rothenburg zur Welt gekommen sei, andere halten Wismar für seine Geburtsstadt. Was den Namen Störtebeker betrifft, so kann man ihn aus dem niederdeutschen Stürz den Becher ableiten, wodurch man auf die Trunksucht dieses Mannes schließen kann".

„Störtebeker war in seiner Jugend mit der Armut wohlvertraut. Seine Eltern arbeiteten als Leibeigene für einen Feudalherrn, der seine Untergebenen ausnutzte. Da unter der Hanse der Seehandel und die Wirtschaft blühten, besonders in den am Wasser gelegenen Städten Wismar, Hamburg und Lübeck, war es ein leichtes, als Matrose auf einer dieser großen Handelskoggen geheuert zu werden. Das tat Klaus Störtebeker auch, wurde aber dann Seeräuber oder Pirat, um schnellen Reichtum zu erwerben. Die Hansestädte, besonders Hamburg, setzten eine Belohnung auf ihn aus, aber er verstand es immer wieder, seinen Verfolgern auf hoher See zu entkommen. Es wird berichtet, dass er öfter die Armen unterstützt hat, denn er wusste, was Armut heißt".

„Sein Glück verließ ihn jedoch, als er auf seinem Schiff Toller Hund von der Hamburgischen Flotte unter der Führung von Simon von Utrecht vor Helgoland gestellt wurde. Nach einem erbitterten Kampf wurde er gefangen genommen und in Hamburg vor ein Gericht gestellt. Störtebeker bot den Ratsherren eine goldene Kette an, die um die ganze Stadt Hamburg reichen sollte, um Freiheit für sich und seine Kameraden zu erhalten. Das Gericht erkannte jedoch auf Todesstrafe, und am 21. Oktober 1401 wurden er zusammen mit 72 seiner Gefährten zum Tods durch Enthaupten verurteilt“.

„Der Sage nach soll Störtebeker mit dem Bürgermeister der Stadt eine Vereinbarung getroffen haben, denen das Leben zu schenken, an die er als Geköpfter vorbeiging. Er tat das an elf seiner Kameraden. Der Bürgermeister hielt sich nicht an diese Abmachung und ließ alle köpfen. Störtebekers Schiff wurde von einem Schiffszimmermann erwotben, der es zerlegte. Als er die drei Masten kippte, fand er den einen mit Gold, den zweiten mit Silber, und den dritten mit Kupfer gefüllt. Mit dem Gold ließ er eine Krone für den Turm der Hamburger St. Katharinenkirche anfertigen, die Kirche für Seeleute“.

„Der Name Störtebeker und seine Geschichte haben sich bis heute erhalten. Viele Schiffe tragen seinen Namen, und Comics, Board Games, Fernsehfilme, etc. erinnern an ihn. Auch in der Musik wurde der Name Störtebeker verewigt. Der Barockkomponist Reinhard Keiser (1674-1739) komponierte die zweiteilige Oper *Sörtebeker und Jödg Michels* (1701). Seit 1993 finden auf der Insel Rügen die Störtebeker-Festspiele statt. Dieses Ereignis ist stark besucht; zwischen der Eröffnung der Freilichtbühne und 2016 wurden über 7,3 Millionen Besucher gezählt. In diesem Spektakel wirken über 20 Schauspieler, viele Schiffe mit Schiffssirenen und 30 Pferde, etc. mit. Übertragen werden diese Festspiele im Fernsehen und Rundfunk“.

„Klaus Störtebeker fand auch seinen Niederschlag in Balladen und Gedichten. Besonders bemerkenswert fand man seine Fähigkeit, kopflos laufen zu können. Ein Gedicht von Mark Godek stellt den Bezug zwischen Sage und der Arbeitswelt her:

Von Störtebeker wird berichtet,
als der Hals vom Kopf gelichtet,
lief er an der Crew vorbei,
auf das sie noch begnadigt sei.
Die Mannschaft stand für ihn Spalier,
zu fliehen so des Beines Gier,
doch nutzte es all jenen nicht,
der Henker machte Doppelschicht.

Jetzt fragt man sich, ist diese Sage,
nicht vielleicht ein wenig vage?
Zu glauben, dass der Seepirat,
so oben frei den Weg antrat?
Doch gibt es heute noch Beweise,
für diese fremde Art und Weise:
So mancher Chef macht's ebenso,
läuft kopflos täglich durch's Büro.

„Es gibt aber neben männlichen Wassergeistern auch Wassergeisterfrauen, und viele Sagen und Geschichten erinnern uns daran, dass ein Geist nicht geschlechtsspezifisch ist“:

Von Wassergeistern und Wassergeisterinnen

Die Sage vom Mummelsee
(Quelle: Grimm)

„Im Schwarzwald, nicht weit von Baden, liegt der Mummelsee. Der Mummelsee ist so geheimnisvoll wie sein Name, der sich von den Seefräulein oder Mümmelein ableitet, die in einem kristallinen Palast in den Tiefen des Sees zuhause sind. Einer anderen Version zufolge leitet sich der Name von den Seerosen her, von denen viele um den See zu finden sind. In der Nacht steigen die Nixen an die Oberfläche des Sees, lassen liebliche Musik ertönen und tanzen dazu. Es ist ein wunderschöner Anblick. Sie sind aber auch sehr hilfsbereit und packen mit an, wenn es die Not gebiert. Wenn die Bauern auf dem Feld arbeiten, machen sie das Haus sauber und sehen nach dem Rechten. Wie aber der Tag zu Ende geht und die Nacht antritt, verschwinden sie wieder in den See".

„Dieser See ist sehr geheimnisvoll. Wirft man ein paar Steine hinein, so trübt sich der Himmel und ein Unwetter verwüstet die Gegend. In der Nacht liegen alle Steine wieder am Ufer, denn die Nixen haben sie wieder zurück geworfen. Man erzählt auch, dass eines Tages ein großer prächtiger, brauner Stier aus dem See gestiegen ist und sich zu den anderen Kühen auf der Weide gesellte. Es dauerte aber nicht lange, bis ein kleiner Mann ebenfalls emporstieg und den sich widerstrebenden Stier zurückführte. Ein anderes Wunder geschah, als ein Bauer zur Winterzeit mit Baumstämmen über den See fuhr und glücklich an das andere Ufer ankam; der Hund jedoch, der ihm folgte, ertrank".

„Einmal wollte der Herzog von Württemberg wissen, wie tief der See sei. Er fuhr mit seinen Leuten auf die Mitte des Sees und ließ ein Lot herunter. Dann aber löste sich das Floß auf, aber alle Männer konnten sich an das Ufer retten. Am Ufer kann man noch heute die Reste des Floßes sehen – das Geheimnis des Mummelsee ist somit gewahrt".

„Dieser geheimnisvolle See, der für Grimmelshausens *Simplicissimus* der Mittelpunkt der Erde ist, hat auch Eduard Mörike zu einer Ballade inspiriert, in der der König der Mummelseegeister seine letzte Ruhe findet":

Die Geister am Mummelsee

Vom Berge was kommt dort um Mitternacht spät
Mit Fackeln so prächtig herunter?
Ob das wohl zum Tanze, zum Feste noch geht?
Mir klingen die Lieder so munter.

O nein!
So sage, was mag es wohl sein?
[...]
Das, was du siehest, ist Totengeleit,
Und was du da hörst sind Klagen.
Dem König, dem Zauberer, gilt es zuleid,
Sie bringen ihn wieder getragen.
So sind es die Geister vom See!
O weh!

Sie schweben herunter ins Mummelseetal –
Sie haben den See schon betreten –
Sie rühren und netzen den Fuß nicht einmal –
Sie schwirren in leisen Gebeten –
O schau!
Am Sarge die glänzende Frau!

Jetzt öffnet der See das grünspiegelnde Tor,
Gebt acht, nun tauchen sie nieder!
Es schwankt eine lebende Treppe hervor,
Und – drunten schon summen die Lieder.
Hörst du?

„Nun möchte ich euch eine Sage erzählen, die mich immer wieder fasziniert. Diese Sage ist über den Spreewald, eine Kulturlandschaft, im Südosten des Landes Brandenburg, nicht weit von Berlin, geprägt durch die Sorben, die sich dort vor vielen Jahrhunderten angesiedelt hatten. Der Spreewald besteht aus vielen Fließen, also kleinen Flüssen, zu denen noch einige eingefügte Kanäle kommen, mit einer Länge von über 970 km. Er ist ein Touristenmagnet, denn jedes Jahr kommen über Tausende von Besuchern in dieses Naturparadies. Ich werde euch jetzt ein paar Sagen aus diesem Wunderland erzählen“:

Die Legenden vom Spreewald
(Volksdichtung)

Seine Erschaffung

„In der Bibel steht, dass Gott die Welt in nur sieben Tagen geschaffen hat. Luzifer, der mehr sein wollte als nur der Träger des Lichtes, wollte es ihm gleich tun. Auch er wollte kreativ sein und seine Welt schaffen. Er wählte dazu ein schönes Stück Erde in der Nähe von Berlin aus, und er wollte die Spree dazu in neue Bahnen lenken. Er spannte dann zwei große muskulöse schwarze Ochsen vor einen Pflug und brach die Erde auf. Die Ochsen waren jedoch eigensinnig, man kann sogar sagen störrisch, denn das Joch drückte sie, und sie jagten kreuz und quer durch die Gegend, rissen die Erde auf, und die Spree füllte die vielen Gräben mit Wasser. Insgesamt sind es 200 Fließe. Und so entstand der wunderbare Spreewald, in dem viele Touristen auf Gondeln seine Schönheit bewundern können. Und man kann sich auch mit den Ureinwohnern, den slawischen Minderheiten, den Sorten und Wenden unterhalten. Leute mit wenig Fantasie glauben allerdings, dass der Spreewald von der Eiszeit geschaffen worden sei. Aber alle essen gern die Spezialitäten des Spreewalds, denn dort gibt es das beste Sauerkraut und die besten Gewürzgurken Deutschlands".

Die Legende vom Schlangenkönig

„Aber nicht nur die Schönheit, sondern auch die Sagen und Legenden, die sich hier gebildet haben, machen diese Gegend interessant. An den Flussarmen stehen viele alte Häuser, die auf ihren Giebeln zwei gekreuzte Schlangen zeigen. Diese stehen für den Schlangenkönig. Dieser liebte es, mit anderen Schlangen zu spielen, und zu diesem Zweck legte er die Krone ab. Ein Graf sah es, und er wollte diese Krone stehlen. Er breitete ein weißes Tuch aus und versteckte sich. Bald darauf kam der

Schlangenkönig und legte seine Krone auf das Tuch. Der Graf wartete, bis der Schlangenkönig mit den Schlangen spielte, ergriff das Tuch, und ritt davon. Er wurde dann sehr reich, und er wählte die Schlangen zu seinem Wappentier. Auch heute noch kann man die Schlangen auf den Giebeln der Häuser sehen, wo sie zu ihrem Schutz angebracht sind. Einige Auserwählte können sogar im Spreewald den Plon sehen".

Die Legende vom Plon

„Wenn man am Abend durch den Spreewald spazieren geht, könnte es passieren, dass man auf dem Dach eines Hauses den Plon sieht. Dieser Geld- oder Glücksdrache lebt in der Mansarde eines Hauses, und er muss jeden Tag von den Bewohnern mit Hirsebrei oder Süßigkeiten gefüttert werden. Ist der Plon satt und zufrieden, so belohnt er die Hausbesitzer mit viel Glück und auch mit viel Geld".

„Die Legende erzählt, dass es einmal einen Bauern gegeben hat, der nach erworbenem Reichtum den Plon gerne loswerden wollte. Er nahm einen Strumpf und schnitt das Ende ab. Dann sagte er zum Plon: ‚Fülle ihn mir mit Geld'. Das konnte der Plon nicht tun, denn wenn er das Geld in den Strumpf steckte fiel es wieder heraus, denn der Strumpf war genauso unersättlich wie sein Besitzer. Der Plon verließ daraufhin das Haus. Das Geld jedoch, zu dem er dem Bauern geholfen hatte, verwandelte sich in Pferdemist"

„Eine sehr schöne Legende ist die vom Wassermann, das ist auch folgerichtig und logisch, denn wir befinden uns jetzt im Spreewald":

Die Legende vom Wassermann

„Viele Bewohner dieser Gegend glauben, dass das Wasser vom Wassermann beherrscht wird. Einige Kinder haben ihn auch gesehen und berichteten später, dass er sie verjagt habe, wenn sie zu nah an das Wasser geraten sind, oder wenn Waghalsige Seerosen stehlen wollten. Wenn er besonders wütend ist, beschwört er große Unwetter, Stürme und Fluten. Sollte jemand ertrunken sein, so wird sein Körper trotz emsigen Suchens nicht gefunden, denn der Wassermann hat ihn verschlungen, während er seine Seele in Tongefäßen gefangen hält. Wenn es ihm zu langweilig wird, dann mischt er sich unter die Leute und nimmt an ihren Festen teil. Die Leute haben nichts dagegen; sie erkennen ihn an seiner nassen Kleidung, und sie treiben auch manchmal Schabernack mit ihm. Auf den Festen tanzen auch die Töchter des Wassermanns, und sie locken ihre Tänzer nicht nur an das Wasser, sondern in das Wasser, sodass sie ertrinken. Auch Kinder sind darunter, und das soll sich der Legende nach öfters wiederholt haben, obwohl sie von ihren Eltern gewarnt wurden, nicht zu nah an das Wasser zu gehen".

„Wassergeister gibt es nicht nur im Spreewald, sondern ebenfalls in anderen Gewässern Deutschlands. Besonders der Rhein ist reich an Sagen. Die bekannteste Sage, glaube ich, ist die folgende, die nicht von einem Wassermann handelt, sondern von einer Wasserfrau, die sehr schön ist und auch sehr musikalisch".

Die Loreley

„Es gibt wohl niemanden in Deutschland, der die Loreley nicht kennt. Die Loreley ist ein Schieferfelsen im Rheintal bei Sankt Goarshausen, Rheinland-Pfalz, aber nicht nur, denn es ist auch der Name einer Wasserjungfrau, Nixe, oder Zauberin, und mit ihrem Namen verbindet sich eine der schönsten Sagen Deutschlands".

„Diese Sage geht eine lange Zeit zurück, und sie weist Ähnlichkeiten mit den Sirenen bei Homer auf. Es gibt viele Erklärungen für ihre Existenz. Bekannt wurde sie allerdings durch Clemens Brentanos romantischen Roman *Godwil* (1801), ein Kunstmärchen in Balladenform. Eine Version dieser Sage lautet: Ein sehr hübsches Burgfräulein saß einmal auf einem Felsen am Rhein. Ein junger Ritter sah sie und verliebte sich in sie; sie erwiderte diese Liebe, und der Heiratstag war festgesetzt. Zuvor aber wollte der Ritter zu seiner Burg zurückkehren, um, wie er sagte, die letzten Vorkehrungen zur bevorstehenden Vermählung zu arrangieren. Er war jedoch treulos und stellte einer anderen nach. Seine Verlobte wartete sehnsüchtig auf dem Felsen sitzend, und sie glaubte jedes Mal, wenn sie ein Schiff auf dem Rhein sah, dass es ihr zurückkehrender Verlobter sei. Er kam jedoch nicht wieder. Der Verlassenen brach das Herz, und als sie einmal auf dem Felsen saß, sang sie ihr schönes, aber auch herzgreifendes Lied und stürzte sich dann in die gefährlichen Fluten, wo sie ertrank. Sie sitzt noch heute auf dem Felsen, der ihren Namen trägt, betört die Schiffer auf ihren Schiffen und Kähnen und lockt die Männer in den sicheren Tod. Das war ihre Rache für die Treulosigkeit ihres Verlobten. Da zwischen 2006-2018 über 360 Mädchen diesen Vornamen hatten, wollen wir hoffen, dass es ihnen nicht genauso geht wie mit diesem unglücklichen Mädchen".

„Es ist kein Wunder, dass die Loreley die Fantasie vieler Dichter beschäftigt hat. Einer der ersten, der eine Ballade über sie verfasst hat, ist Clemens Brentano":

Zu Bacharach, am Rheine
Wohnt' eine Zauberin,
Sie war so schön und feine
Und riß viel Herzen hin.

„Darunter war auch ein Bischof, der ihrem Zauber erlag. Er konnte sie nicht verdammen, aber sie wollte auf ihren eigenen Wunsch in ein Kloster einkehren, denn: ‚Mein Schatz hat mich betrogen/Hat sich von mir gewandt'. Sie sollte von drei Rittern in ein Kloster gebracht werden, aber bevor sie das Weltliche aufgab, hatte sie noch eine Bitte":

‚O Ritter, laßt mich gehen
Auf diesen Felsen groß,
Ich will noch einmal sehen
Nach meines Liebsten Schloß.

Ich will noch einmal sehen
Wohl in den tiefen Rhein
Und dann ins Kloster gehen
Und Gottes Jungfrau sein.

Der Felsen ist so jähe.
So steil ist seine Wand,
Doch klimmt sie in die Höhe,
Bis daß sie oben stand.

„Dort oben stehend, sieht sie ein Schiff auf dem Rhein. Sie glaubt, dass es der Liebste ist, der sie betrogen und verlassen hatte, aber der jetzt zu ihr kommt, um sie zu holen“:

‚Mein Herz wird mir so munter,
Es muss mein Liebster sein!‘.
Da lehnt sie sich hinunter
Und stürzt sich in den Rhein.

„Aber nicht nur sie kommt um, sondern auch die drei Ritter, die sie in das Kloster bringen sollten, sterben“:

Wer hat das Lied gesungen?
Ein Schiffer auf dem Rhein,
Und immer hat‘s geklungen
Von dem Dreiritterstein.

„Die Ballade von Clemens Brentano wurde 1801 verfasst. 23 Jahre später schrieb Heinrich Heine seine Lorelei, inspiriert durch die Ballade. Hier ist die Lorelei wie bei Homer eine Sirene, die hoch auf dem Felsen sitzend ihr goldenes Haar kämmt, und die durch ihre Schönheit und ihren

Gesang die Boote kentern lässt, sodass alle Schiffer den Tod finden. 1837 wurde das Heinegedicht von Philipp Friedrich Silcher vertont, und jetzt ist es fast jedem Deutschen bekannt. Wenn man mit den Ausflugsdampfern den Rhein herunterfährt, hört man es schon kilometerweit vor dem Felsen und kilometerweit danach. Als ich einmal diese Tour machte, war es mucksmäuschenstill auf dem Schiff, als das Lied begann mit: ‚Ich weiß nicht, was soll es bedeuten/dass ich so traurig bin‘, und viele Leute glaubten, das sei die deutsche Nationalhymne. Und die Tränen vieler Menschen flossen bei den letzten zwei Strophen“.

Den Schiffer im kleinen Schiffe
Ergriff es mit wildem Weh,
Er schaut nicht die Felsenriffe,
Er schaut nur hinauf in die Höh.

Ich glaube, die Wellen verschlingen
Am Ende Schiffer und Kahn;
Und das hat mit ihrem Singen
Die Lorelei getan.

„Die Popularität des Lorelei Gedichtes ist auch evident, wenn man sich die musikalischen Kompositionen anschaut. Clara Schumann komponierte eine Version des Liedes; Schostakowitsch fügte das Lorelei-Motiv in seine Symphonie Nummer 14 ein; Felix Mendelssohn Bartholdy komponierte eine Oper; Johann Strauß komponierte einen Walzer; und George Gershwin komponierte den Song der Lorelei für sein Musical *Pardon my English* (1933). Ihr seht, die Loreley existiert noch heute, und vielleicht hat sie schon immer existiert, denn, wie Gottfried Keller einmal zu seiner Novelle ‚Romeo und Julia auf dem Dorfe‘ bemerkt hat, werden Verlobungen allzu schnell geschlossen, aber dann auch schnell wieder annuliert “.

„Wenn am Ende von *Faust II* Margarete um die Vergebung von Fausts Sünden bittet ‚und es im Chor heißt: ‚Das Ewig Weibliche zieht uns hinan', so kann man auch ‚hinauf' sagen, denn Faust tritt seine Seele trotz seiner begangenen Sünden nicht an den Teufel ab, sondern sie strebt in die himmlischen Gefilde. Dies geschieht ebenfalls bei Wagner in der folgenden Sage, in der der Sünder durch die Liebe einer Frau erlöst wird":

Die Sage/Legende vom fliegenden Holländer
(Quelle: unbekannt)

„Der fliegende Holländer wird von einigen als Sage, von anderen als Legende bezeichnet; der Übergang ist hier fließend. Sie berichtet von einem niederländischen Kapitän, der durch einen Fluch dazu verdammt war, nicht sterben, und in keinen Hafen einlaufen zu können. Der Grund für seine Unsterblichkeit war, dass er das Kap der Guten Hoffnung umschiffen wollte, was für die damalige Segelschifffahrt äußerst gefährlich war. Es gelang ihm auch nicht, sodass er schwor, es bis in alle Ewigkeit zu versuchen. Der Fluch wirkte. Auch das Schiff war ein magisches Schiff, das gegen alle Unwetter und Stürme gefeit war, denn es konnte nicht untergehen. Da dieser Vorfall in der Vergangenheit nur mündlich überliefert wurde, nimmt es kein Wunder, dass viele Variationen der Begebenheit vorhanden sind. Einer anderen Version zufolge darf der Kapitän alle sieben Jahre an Land gehen. Findet er dort eine Frau, die ihn bedingungslos liebt und sich für ihn opfert, finden der Kapitän und seine Mannschaft Erlösung, und sie können sterben".

„Ist diese Geschichte nicht weit hergeholt, eine Art Seemannsgarn, denn so etwas gibt es doch gar nicht", sagte Benjamin; „das ist doch vollkommen aus der Luft gegriffen". „Nicht ganz", erwiderte der Berner, „denn die Leute auf den Schiffen sahen manchmal ein Geisterschiff, ein Phantomschiff, das über den Ozean segelte, sich aber dann in Nichts auflöste. Die Erklärung heutzutage ist, dass das eine Fata Morgana ist, eine maritime Luftspiegelung, die möglich ist, wenn kalte und warme Luft zusammentreffen. Bei einer solchen Sichtung kann es auch sein, dass ein Schiff am Himmel durch Wolken segelt und dann plötzlich verschwindet. Siehst du, Benjamin, es gibt viele Dinge im Leben, die wir sehen, und sie sind nicht Realität. Und dann wiederum gibt es eine Realität, die wir aber nicht sehen können. Und es gibt Dutzende von Schiffen, die gesichtet wurden, aber nicht da waren – es waren Phantomschiffe".

„Solch ein Phantomschiff hat auch viele Künstler zu ihren eigenen Werken gedient. Die bekannteste Version ist eine romantische Oper in drei Auszügen von Richard Wagner, *Der fliegende Holländer*, in der der Kapitän Foggers durch die Liebe von Senta, die sich für ihn opfert, indem sie sich von einem Felsen stürzt, Erlösung findet, und beide steigen zum Himmel empor".

„Eine bekannte Version ist die von Wilhelm Hauff, betitelt *Die Geschichte von dem Gespensterschiff* (1826). In dieser Rahmenerzählung berichtet ein Reisender, dass er mit seinem arabischen Diener auf hoher See Schiffbruch erlitten habe, sich aber dann auf einem Segelschiff habe retten können. Auf dem Schiff sahen sie etwas Grauenvolles – die gesamte Belegschaft bestand aus Leichen, die festgenagelt auf den Planken lagen, sodass sie nicht bewegt werden konnten. An dem Mast stand der Kapitän mit einem Nagel durch die Stirn. Die beiden Geretteten durchschliefen die erste Nacht, da sie müde waren, hörten aber im Halbschlaf viele Geräusche. Sie blieben in der folgenden Nacht wach, denn der Gefährte des Reisenden erinnerte sich an einen Spruch von seinem Großvater":

Kommt ihr herab aus der Luft,
Steigt ihr aus tiefem Meer,
Schlieft ihr in dunkler Gruft
Stammt ihr vom Feuer her,
Allah ist euer Herr und Meister,
Ihm sind gehorsam alle Geister.

„Das half; sie blieben wach und beobachteten mit Grauen, wie die Getöteten erwachten, und wie der Kapitän trinkend in der Kajüte saß, dann aber während einer Meuterei mit einem Nagel durch die Stirn an den Mastbaum geschlagen wurde. Als der Tag anbrach, waren die Planken wieder mit Leichen bedeckt, und der Kapitän hatte den Nagel durch die Stirn. Aber das Schlimmste war, dass das Schiff in der Nacht wieder zurückgefahren war, also dass es nur hin- und her segelte. Um das zu verhindern, umwickelten die Beiden die eingezogenen Segel mit Koranversen und einem Zauberspruch. Das half, und in kurzer Zeit erreichten sie Indien. Dort riet ihnen ein weiser Mann, die Toten mit den Planken heraus zu sägen und dann am Land zu bestatten, wo sie sofort zu Staub zerfielen".

„Da man den Nagel nicht aus dem Kopf des Kapitäns entfernen konnte, riet ihnen der weise Mann, Erde auf die Stirn des Kapitäns zu streuen. Das half, und der Nagel kam leicht aus dem Kopf des Kapitäns heraus. Daraufhin erzählte dieser seine Geschichte: das Schiff war ein Seeräuberschiff, und die Seeräuber töteten einen frommen Derwisch und bereicherten sich an seinen Schätzen. Kurz vor seinem Tod verhängte er einen Fluch über das Schiff und seine Mannschaft, nicht leben und nicht sterben zu können, bis sie mit ihrem Haupte wieder die Erde berührten. Das geschah, und sie waren dazu verdammt, die Ereignisse der Mordnacht zu wiederholen bis in alle Ewigkeit. Der verfluchte Kapitän bekundete das: ‚Seit 50 Jahren schiffen wir durch diese Wogen und sind verdammt, jede Nacht wieder zurückzukehren'. Auch der Kapitän wurde erlöst und sagte: ‚Aber jetzt hat mich die Erde berührt, und ich kann versöhnt zu meinen Vätern gehen' ".

„Ein anderes Werk, das aus dieser Sage heraus gegangen ist, ist *The Rime of the Ancient Mariner* von dem britischen Dichter Samuel Taylor Coleridge (1798). Auch Heinrich Heine hat dem verfluchten Kapitän einige Male ein Denkmal gesetzt. In seinen *Memoiren des Herrn von Schmabelepowski* (1834) steht die Sentenz":

Jenes hölzerne Gespenst, jenes grauenvolle Schiff führt seinen Namen von seinem Kapitän, einem Holländer, der einst bei allen Teufeln geschworen, dass er irgendein Vorgebirge, dessen Namen mir entfallen ist, trotz des heftigen Sturms, der eben wehte, umschiffen wolle, und sollte er auch bis zum Jüngsten Tag segeln müssen. Der Teufel hat ihn beim Wort gefasst, er muss bis zum Jüngsten Tage auf dem Meer herumirren, es sei denn, dass er durch die Treue eines Weibes erlöst werde.

„Zusätzlich gibt es noch viele Gedichte, Theaterstücke und Novellen zu dem Motiv des fliegenden Holländers. Das Grausame des Gespensterschiffs faszinierte die Menschen durch die Jahrhunderte hindurch; aber ebenso faszinierend ist die Liebe einer Frau, die den verfluchten Mann von seinen Qualen erlöst".

„Ich habe euch von der Loreley im Rhein erzählt, die durch ihre Schönheit und ihren Gesang die Schiffer ins Verderben führt. Und ihre Sage beschreibt den Rhein sehr gut: er ist äußerst schön, aber kann sehr gefährlich sein. Manchmal überwiegt das eine, manchmal das andere. Die negative Seite dieses Flusses ist in der folgenden Sage enthalten. Sie spielt in Bingen am Rhein, in einem kleinen Städtchen im Landkreis Bingen-Mainz in Rheinland-Pfalz":

Der Mäuseturm bei Bingen
(Quelle: Grimm)

„Die Geschichte dieses Turms geht um viele Jahrhunderte zurück. Gebaut wurde er im 14. Jahrhundert als Zollwachturm für die Burg Ehrenfels, die von den vorbeifahrenden Schiffen Zoll verlangte. Die andere Funktion des Turmes war, eine Kollision von Schiffen im Binger Loch zu verhindern, denn die Engstelle des Rheins im Rheinischen Schiefergebirge war gefährlich".

„Der Sage nach ließ Hatto, der Erzbischof von Mainz, diesen Turm bauen, um Zoll einzunehmen. Hatto hatte keinen guten Leumund; er war sehr reich, aber auch sehr habgierig und wollte aber noch reicher werden.

Eines Jahres gab es so viele Missernten, sodass im Lande eine große Hungersnot ausbrach. Viele Bauern starben deswegen, und so ging eine Gruppe von ihnen zu Hatto und bat ihn um Getreide, um Brot zu backen. Der hartherzige Erzbischof jedoch verjagte sie und beschimpfte sie als Müßiggänger. Die Bauern rotteten sich dann zusammen und erschienen wieder bei ihm. Daraufhin ließ der Erzbischof sie in eine Scheune sperren, verriegelte die Türen und steckte die Scheune in Brand, sodass alle Eingesperrten einen jämmerlichen Tod erlitten, Hatto hörte ihr Wehklagen und lachte, wobei er ausrief ‚Hört doch, wie die Kornmäuschen pfeifen'. Einer anderen Version dieser Sage zufolge täuschte er Mitleid mit den Bauern vor, führte sie zu seinem Getreidespeicher, und er sagte ihnen, dass sie so viel von dem Getreide nehmen konnten wie sie wollten. Das Resultat war jedoch dasselbe, denn er ließ die Türen schließen, steckte den Speicher in Brand, sodass keiner entkommen konnte, und alle verbrannten".

„Der Bischof begab sich dann in seinen Palast und legte sich zur Ruhe. Es dauerte jedoch nicht lange, bis ein starkes Poltern ihn aufweckte. Dann sah er zu seinem Entsetzen, wie Tausende von Mäusen aus den Ritzen der Wand auf sein Bett sprangen und ihn bissen. In seiner Angst rief er die Wachen um Beistand, aber als diese die Mäuse-Invasion sahen, liefen sie erschreckt davon. Der Erzbischof verließ eilig sein Schlafgemach, sprang auf sein Pferd und eilte zu dem Turm hin, den er mit einem kleinen Boot erreichte. Dort glaubte er sich sicher".

„Er hatte sich aber getäuscht. All Mäuse schwammen zu dem Turm hin, fraßen sich durch die dicken Wände und sprangen auf das Bett des Erzbischofs, der jetzt seine Tat bereute. Es half ihm jedoch nicht, denn die Mäuse liefen über seinen ganzen Körper und fraßen ihn bei lebendigem Leibe. Das war die gerechte Strafe für seine Hartherzigkeit. Aber die Strafe war damit nicht zu Ende, denn nachts, wenn der Mond sich hinter den dunklen Wolken verbirgt, kann man eine graue Wolke über diesen Turm sehen, die die Gestalt des Erzbischofs hat. Einige wollen sogar Klagelaute gehört haben, die, wie sie behaupten, aus dieser Erzbischof-Wolke kamen. Und dies ist das Ende dieser Sage vom Mäuseturm bei Bingen, und ich habe sie euch genau so erzählt, wie sie mir bei meinem dortigen Besuch von vielen Mäusen berichtet wurde".

„Jetzt ist der Turm unter Denkmalschutz gesetzt, also ein Kulturdenkmal. Er ist so wichtig, dass Ferdinand Freiligrath ein Gedicht über den Turm geschrieben hat, ein Gedicht mit einer Moral":

Der Adler auf dem Mäuseturm

Auf weißer Flagge weht ein Aar
Hoch auf dem Mäuseturm bei Bingen;
Er zeigt ein tüchtig Klauenpaar,
Trägt Kron' und reckt die Schwingen.
Vom Sonnenbrand und Schnee und Sturm
Sind ihm die Federn glatt geschlichtet –
Was Teufel, in den Mäuseturm,
O Adler, hast du dich geflüchtet?

„Der Adler hat Brot, und er soll es mit denen teilen, die es nicht haben, denn sonst geht es ihm so wie Hatto":

Drum sei gedenk und auf der Hut!
Mag Hatto warnen dich und führen!
Der sagte auch: „An meines Hut
Lass' keines Menschen Hand sich rühren!"
Ja doch, was half ihm sein Gepoch'?
Wozu war ihm sein Hochmut nutze?
Es fraßen ihn die Mäuse doch –
Ihn selbst zusamt der Bischofsmütze!

„Die Moral dieser Geschichte ist offensichtlich. Die, die viel zu essen haben, sollen es mit denen teilen, die Hunger leiden. Der legendäre

Hatto ist tot, aber er scheint heutzutage viele Nachfolger zu haben, die, wie es im Gedicht heißt, ‚des Volkes Hungerschrei nicht hören' ".

„Die Sagen und Legenden sind, wie ich euch erzählt habe, nicht geschlechtsspezifisch, denn Männer sowie Frauen können in einer Geisterwelt leben, und ich glaube, dass es genauso viele Geisterfrauen gibt die Geistermänner. Ich will euch jetzt die Geschichte der Osterjungfrau von der Burg Osterode erzählen. Diese Burg ist heute nur noch Ruine, aber man kann sie sehen, denn sie steht im städtischen Friedhof":

Geisterfrauen

Die Osterjungfrau in der Burg Osterode
(Quelle: Grimm)

„Der Graf von Osterode war ein sehr reicher Herr, dem aber sein Reichtum nicht zu Kopf gestiegen war, denn er war wohltätig und gütig seinen Untergebenen gegenüber. Als er starb, waren alle im Lande sehr traurig. So war seine schöne Tochter schon früh verwaist".

„Nicht lange nach seinem Tode brach ein Krieg aus, und viele Ritter besetzten die Burg. Einer von ihnen war sehr wild und fremd, und er begehrte die Tochter zu seiner Frau. Diese aber wies ihn ab, und das machte den Ritter zornig. Er verließ die Burg, aber er kehrte nach einiger Zeit wieder mit einigen Rittern zurück, die genau so wild waren wie er. Sie verwüsteten die Burg, und jeder hatte Angst vor ihnen. Da fragte dieser Ritter das Edelfräulein zum zweiten Mal, ob sie ihn heiraten wolle. Sie sagte aber wiederum nein. Da stieß der Ritter Drohungen aus und ließ sie wissen, dass er über Zauberei verfüge, die ihm einmal ein Mann aus dem Morgenland beigebracht hatte. Aber sie gab ihm wiederum ihr Nein. Da verzauberte der Ritter sie in einen großen schwarzen Hund, den er mit schweren Ketten umwand, und er sollte die Schätze des Vaters bewachen. Nur einmal im Jahr, am Ostersonntag, nahm sie ihre wahre Gestalt an und ging zum Fluss, um sich dort die Füße zu waschen".

„Am Ostersamstag trug einmal ein armer Weber ein Stück Leinwand nach Clausthal in Niedersachsen auf der Oberharzner Hochebene, um es dort zu verkaufen. Er war sehr betrübt, denn seine Frau war krank und seine fünf Kinder hungerten. Es war schon spät, als er aufbrach, und er übernachtete in einem Heuschober. In der Früh machte er sich wieder auf den Weg, durchquerte die Vorstadt nach Osterode und näherte sich der Söse. Da sah er eine weißgekleidete Jungfrau mit vielen Schlüsseln am Gürtel. Er näherte sich ihr und grüßte sie. Er sah, dass sie sich den Fuß im Fluss wusch, was den wunderte, denn es war sehr früh am Morgen. Er fragte sie, warum sie das täte, und sie erwiderte: ‚Das tue ich jedes Mal am Ostermorgen. Deshalb bleibe ich jung und schön‘. Dann sah der Leineweber eine wunderschöne Lilie, die die Jungfrau an ihrer Brust trug, und er wunderte sich, denn die Blütezeit der Linien war ja noch nicht gekommen. ‚Ihr müsst einen schönen Garten haben“, sagte er, ‚wo es diese Blumen schon gibt‘. ‚Komm mit‘, erwiderte die Jungfrau, ‚ich zeige ih dir‘“ .

„Ihr Weg führte sie zu den Trümmern der Burg Osterode, aber diese Burg hatte sich seltsam verändert. Der Leineweber sah jetzt etwas, was er vorher nie gesehen hatte, obwohl er schon öfters an der Burg vorbeigegangen war: er erblickte eine eiserne Tür. Vor dieser Tür blühten Lilien. Die Jungfrau sagte zu ihm, dass er zu Mitternacht wieder kommen solle, und er könne eine hellglänzende Lilie pflücken. Was er dann sah, gehöre ihm‘. Der Leineweber tat, was die Jungfrau ihm aufgetragen hatte, ging um Mitternacht zu der Burg, pflückte dort die schönste Lilie, und dann öffnete sich eine eiserne Tür, und er sah einen großen Kessel gefüllt mit Goldstücken. Er nahm so viele heraus wie er konnte, brachte das Gold nach Hause, gründete eine Firma und wurde wohlhabend. Er brachte die Lilie zum Herzog des Landes, der sie dann in sein Wappen aufnahm“.

„Heute ist diese Burg verfallen, und nur ihre Trümmer erinnern an sie, wie sie einmal im 14. Jahrhundert gewesen ist. Heinrich Heine hat in seiner *Harzreise* seinen Eindruck dieser Ruine folgendermaßen beschrieben“:

Ehe ich die Landstraße einschlug, bestieg ich die Trümmer der alten Osteroder Burg. Sie bestehen nur noch aus der Hälfte eines großen, dickmaurigen, wie von Krebsschäden angefressen Turms.

„Ihr seht, dass Geisterfrauen den Menschen wohlwollend sein können. Die weiße Jungfrau von Osterode half dem armen Leineweber, aber auch andere Geisterfrauen helfen den Menschen, vorausgesetzt, dass diese guten Herzens sind. Dies geschieht auch bei einer anderen Geisterfrau, die als Frau Holle bekannt ist“:

Frau Holle
(Quelle: Grimm)

„In Andreasberg im Harz gab es einmal drei Mädchen, die alle verlobt waren. Sie gingen in den Wald zu einem Ort, der heute die Drei Jungfern heißt. Sie setzen sich in das Moos nieder und sprachen über die Hochzeit und was sie danach zu tun gedachten. Als eine aufschaute, sah sie, wie über den Tannen ein gräuliches Gesicht zum Vorschein kam mit herabhängenden Haaren. Dieses Gesicht starte die Mädchen an, die große Angst hatten. Es gehörte einer alten Frau, die nun halb gutmütig, halb zornig die Mädchen ansprach: ‚Diejenige, die heute Nacht zwischen elf und zwölf in den Hahnenklee kommt und ihn blank scheuert, wird bald ihren Geliebten heiraten‘. Dann verschwand sie, und die verängstigten Mädchen liefen schnell nach Hause. Bevor sie sich trennten, vereinbarten sie, dem Wunsch von Frau Holle nachzukommen und sich um halb elf oberhalb des Andreasbergs zu treffen“.

„Das taten sie auch, denn alle wollten sie so schnell wie möglich heiraten. Sie schritten durch die Nacht, die sehr dunkel war, denn weder der Mond noch die Sterne standen am Himmel und schienen. Nur ab und zu hörte man das Geheul einer Eule und das Rascheln von Tieren, die im Wald jagten. Mutig schritten die Mädchen dahin, und ihr Ziel war der Hahnenklee. Nach einiger Zeit kamen sie an die Stelle, die man das Gesehr nennt. Zwei Mädchen hatten Angst und kehrten schnell wieder um, aber das dritte sagte: ‚Ich bleibe und tue das, was mir aufgetragen ist'. Plötzlich schien der Mohn so hell, dass es den richtigen Weg nicht verfehlte".

„Kurze Zeit darauf verunglückte der Bergmann, der mit einer der drei Mädchen verlobt war. Auch der zweite fand seinen Tod, sodass es für die beiden Mädchen keine Heirat mehr gab. Das dritte Mädchen jedoch feierte Hochzeit, zu der auch Frau Holle erschien, und sie überreichte dem neuvermählten Paar eine silberne Wiege. Seitdem sagt man in Andreasberg, wenn ein Mädchen keinen Mann bekommt: ‚Es muss den Hahnenklee scheuern' ".

„Auch eine andere Sage zeigt, dass eine Geisterfrau menschenfreundlich sein kann":

Der Schatz bei Schwerte
(Quelle: Jodocus Tenne: Westphälische Sagen und Geschichten (1831)

„Auf dem Weidenhofe bei Schwerte in Arnsberg, Nordrhein-Westfalen soll ein großer Schatz liegen, und viele Leute haben schon öfters versucht, überall zu graben, um ihn zu finden – aber das alles ohne Erfolg. Nur im Herbst und Winter, wenn der Wind um ihr Gebäude heult, erzählt man sich die Geschichte des verborgenen Schatzes".

„Während des Dreißigjährigen Krieges wurde auch ihre kleine Stadt von Soldaten besetzt. Zwei von ihnen gingen eines Abends in ein Wirtshaus und tranken. Danach gingen sie wieder zurück zu ihrer Truppe. Auf dem Weg dahin sahen sie eine weiß gekleidete Jungfrau vor sich stehen, worüber sie sehr erschrocken waren. Der eine von ihnen fasste sich ein Herz und fragte sie, was sie wolle. Sie erwiderte, dass sie einen großen Schatz bewache, der dem gehören solle, der sie erlöse. Als der Soldat sie fragte, was zu tun sei, bat sie ihn, in der nächsten Nacht wieder zu kommen. Da er sich fürchtete, tat er es nicht".

„Einige Zeit später ging ein Schwerter Bürger denselben Weg. Auch er traf auf die weiß gekleidete Jungfrau, und da er sich nicht fürchtete, lief er nicht weg. Sie sagte zu ihm dasselbe, was sie den Soldaten gesagt hatte, und da er keine Angst hatte, hielt er sein Wort. Er kam wieder, und sie gab ihm eine Hacke und bat ihn, auf eine bestimmte Stelle auf dem Boden zu hacken. Da er aber etwas Schlimmes fürchtete, sagte er zu ihr, dass sie hacken sollte. Sie tat es, und legte ein glänzendes Schloss frei, das zu einer Kellertür gehörte, die sich öffnete. Der Mann erblickte ein Gewölbe und fand es angefüllt mit Gold und Silber. Der Mann erstaunte, nahm dann aber so viel von dem Gold und Silber, wie er seine Tasche fühlen konnte. Als er wieder das Gewölbe verlassen wollte, sagte die Jungfrau zu ihm, dass er nicht das Beste vergessen sollte. Der Mann legte es so aus, dass er nur das Gold nehmen sollte und nicht das Silber, was er auch tat. Als er aus dem Gewölbe herausging, schloss sich die Kellertür hinter ihm zu. Die Jungfrau erwartete ihn und weinte. Er hatte vergessen, das Beste mitzunehmen – den Schlüssel. Hätte er das getan, wäre sie erlöst gewesen. Der Mann jedoch wurde sehr reich“.

„Viele Leute gingen danach denselben Weg und hofften, der Jungfrau zu begegnen – aber bis heute ist es keinem gelungen. Die Jungfrau aber, wie einige glauben, geht noch öfters um Mitternacht herum, weint und seufzt“.

„Die Geisterfrauen leben auf der Erde und sind manchmal sichtbar. Einige von ihnen sind sehr altruistisch und helfen den Menschen, wenn sie es verdienen, wenn sie also gut sind. Aber es gibt doch Menschen, die böse sind, und man sagt, dass sie den Teufel im Leib haben. Also gibt es auch Teufel auf der Erde. Diese trachten danach, die Menschen zum Bösen zu verführen, oder auch nur mit ihnen Schabernack zu spielen. Hier ein paar Beispiele:

Von Engeln und Teufeln

Der Rauschgoldengel in Nürnberg und der Schöner Brunnen (Quelle: Stadtführer)

„In Nürnberg lebte gegen 1700 ein Handwerker namens Hauser. Er hatte eine kleine Tochter, die er abgöttisch liebte. Als diese nach einer schweren Krankheit starb, verlor der Mann die Lust zum Weiterleben. Er ging nicht mehr in seine Werkstatt, entließ seine Gesellen, die er jetzt nicht mehr brauchte, saß den ganzen Tag vor dem offenen Fenster, und er fürchtete die Nacht. Auch seine Freunde verließen ihn, und so döste er vor sich hin und schaute auf das Bett, in dem seine geliebte Tochter gestorben war".

„Eines Nachts, als er vor lauter Grübeln eingeschlafen war, sah er im Halbschlaf die Tür aufgehen, und eine Gestalt trat in das Zimmer. Sie war von einem Glanz umgeben und war in ein goldenes Gewand eingehüllt. Sie hatte weder Arme noch Beine, sondern stattdessen zwei Flügel. Diese Gestalt setzte sich auf das Bett, und sie bat den Mann, nicht mehr traurig zu sein. Als der Mann den Engel genau betrachtete, sah er, dass er seine eigene Tochter vor sich hatte. Danach erwachte der Mann, und er glaubte nur geträumt zu haben. Als er aber um sich sah, bemerkte er, dass die Tür noch geöffnet war, und dass noch ein goldener Glanz im Zimmer schwebte".

„Am nächsten Morgen ging er in die Werkstatt, und dort schnitzte er aus Lindenholz den Engel, den er in der Nacht gesehen hatte, der die Züge seiner verstorbenen Tochter trug. Statt des goldenen Gewandes nahm er dünnes Messingblech, und für die mächtigen Flügel nahm er Rauschgold. Als seine Freunde in seine Werkstatt kamen, waren sie von der Schönheit des Rauschgoldengels sprachlos. Sie baten den Meister, auch für sie einen solchen Engel zu schnitzen. Und als Weihnachten kann, stellte er diese Engel in einem Stand aus, und viele kauften ihn. Auch heute noch kann man ihn auf dem Nürnberger Christkindlmarkt kaufen".

„Ingrid Herta Drewing setzte diesem Engel in ihrer Sammlung *Advents- und Weihnachtszeit* ein Denkmal. Es endet mit den folgenden Strophen“:

Der Rauschgoldengel

Und in der Tat, dies durfte er erfahren,
zwei hundert Jahre war sein Kleinod alt,
aus Nürnberg stammend, wo solch Engelscharen
aus Messingblech gefertigt, hergestellt,
dass zart sich reihte kunstvoll Fallt‘ an Fallt‘,
ein Christbaumspitzenmarkenzeichen waren.
Man bot ihm Geld dafür, er wollt‘ nicht wissen,
Nicht wichtig war ihm hier der Handelswert.
Für ihn (er las nach altem Brauch, beflissen
das Weihnachtswort von Frieden auf Erd)
sein Engel auf dem Tannenbaum gehört.
Es strahlt vor Freude, möcht‘ ihn nimmer missen.

„Bevor wir Nürnberg verlassen, möchte ich euch noch eine andere schöne Geschichte erzählen. Dies ist die Geschichte vom Schöner Brunnen. Er ist 19 m hoch, und er hat die Form einer gotischen Kirchturmspitze. Man kann ihn am Hauptmarkt sehen; es ist allerdings nur eine aus Muschelkalk angefertigte Kopie. Auch dieser Brunnen hat eine Geschichte, die vom nahtlosen Messingring, der in das eiserne Gitter hinein geschmiedet ist“.

„Es gab damals einen Schmiedemeister namens Kuhn, der eine sehr schöne Tochter namens Margrit hatte. Kuhn hatte das eiserne Gitter um den Brunnen geschmiedet. Sein Geselle hatte sich in die Tochter verliebt und wollte sie heiraten, aber für Kuhn war er nicht gut genug, denn er war arm. Er sagte ihm: ‚Nur wenn du es fertig bringst, nahtlose Ringe am Brunnengitter anzubringen, die sich drehen können, dann hast du Aussichten‘. Als der Meister auf Reisen ging fertigte der Geselle die Ringe an, schnitt sie, und er brachte sie am Gitter an. Dann fügte er die Enden zusammen und feilte und polierte sie, bis man nicht mehr sehen konnte, wo sie zusammengefügt waren. Als der Meister von der Reise zurückkam, bestaunte er das Kunstwerk und hatte jetzt nichts mehr gegen die Heirat mit seiner Tochter. Der Geselle jedoch hatte die Stadt verlassen und ist nie wieder zurückgekommen".

„Die Leute glauben, wenn einer den richtigen Ring dreht, hat er Glück und seine Sehnsüchte werden erfüllt – Kindersegen oder Reichtum, oder auch beides. Heute allerdings glaubt man, dass ein Reisender, der den richtigen Ring dreht, wieder in diese wunderschöne mittelalterliche Stadt zurückkehren wird. Und das vielleicht zu Adventszeit, wo er den Christkindlmarkt in seiner Schönheit bewundern kann".

„Wo es Engel gibt, gibt es auch Teufel, und manchmal ist es sehr schwer, den Unterschied zu erkennen. Einige Teufel benehmen sich menschlich (dieser Satz stimmt auch in seiner Umkehrung), sodass es schwer ist, einen Teufel zu erkennen, denn Pferdefuß, Hörner und Schwefelgeruch gehören in den Bereich der Fabel. Andere Teufel neben die Gestalt von Engeln an, und ihre wahre Natur zeigt sich erst später, denn war auch nicht der Teufel ein gefallener Engel? Die besonders Schlimmen sehen wie ordinäre Menschen aus, aber ihr Kern ist vollkommen teuflisch. Hier kann man wirklich von der Banalität des Bösen sprechen. Nun einige Beispiele":

Das verwünschte Schloss (Quelle: Hekaya: Geschichten, Legenden, Sagen aus aller Welt)

Die Wandhofer Heide zwischen Schwerte und Wandenthalten hat ein Geheimnis, das, wie viele Leute glauben, auch von einigen manchmal gesehen werden kann, wenn man zur rechten Zeit dort ist. In dieser Gegend lebte einmal vor vielen, vielen Jahren, man kann auch sagen Jahrhunderten, ein Ritter, der sich alle Annehmlichkeiten des Lebens gönnte. Er lebte in einem großen, wunderbaren Schloss, aß und trank nur das Beste, und er gab viele Feste für seine Freunde. Diese fragten ihn oft, woher denn sein Reichtum komme, er aber verweigerte die Antwort. Mit gutem Recht, denn er hatte einen Pakt mit dem Bösen geschlossen. Eines Tages stritt er mit ihm, und der Teufel wollte ihn mitsamt seinem Schloss in die Hölle bringen. Aber der Teufel ist nicht allmächtig, und er kann nicht alles tun, was und wie er will. Da die Uhr des Ritters noch nicht abgelaufen war, ging es nicht nach dem Wunsch des Unterirdischen. Alles, was er tun konnte war, das Schloss und alles, was dazu gehörte, unsichtbar zu machen. Nur alle hundert Jahre taucht es bei Vollmond für eine kurze Zeit auf".

„Als die Zeit sich wieder rundete, wo das geschehen sollte, ging ein Wanderer vom Wandhofen über die Wandhofer Heide. Es war spät, und er beeilte sich, nach Hause zu kommen. Er hörte in der Ferne die Glocke zwölfmal schlagen, und er wusste, dass es jetzt Mitternacht war. Mit einem Mal sah er ein Licht in der Ferne, und wunderbare Musik tönte zu ihm herüber. Er fragte sich, was das sei und lenkte seine Schritte dorthin. Dort sah er mitten auf der Heide ein wunderbares großes Schloss, das voll erleuchtet war, wo in dem großen Ballzimmer viele Leute tanzten. Er bestaunte alles und wollte sich unter die Gäste mischen. Aber mit einem Mal war alles vorbei – das Schloss, der Garten, die Gäste, und die Musik. Nur der Vollmond schien noch. Der Mann begann dann nach Hause zu eilen, aber er verlor den Weg, den Weg, den er schon öfters gegangen war. Er hatte Angst und rannte so schnell wie er konnte. Nach ein paar Stunden war er wieder in Wandhofen. In der Früh ging er mit seinen Freunden auf die Weide, wo aber jetzt kein Schloss mehr stand, der Rasen war mit Gras und Unkraut überwachsen. Nur ein leichter Schwefelgeruch füllte die Luft, aber das war nicht genug, um die Freunde zu überzeugen, dass hier auf der Heide etwas Geheimnisvolles vor sich gegangen war. Viele Leute gehen jetzt dorthin, um das verwünschte Schloss zu sehen, aber da es nur alle hundert Jahre bei Vollmond zu sehen ist, ist die Zeit noch nicht gekommen".

„Ich habe gehört, dass der Teufel einmal zu Gott gegangen sei und sich beschwert habe. Er fühlte sich minderwertig, denn alle Leute hatten ein gutes Verhältnis mit Gottvater und nicht mit ihm. Gott ist in sehr vielen Büchern erwähnt, die Leute beten zu ihm. Keiner jedoch schätzte den Teufel. Auch er wolle, dass man in anspruchsvollen Büchern über ihn schreibe. Gottvater überlegte und sagte dann, dass er einen Plan habe, ihm, den Teufel, und seinen Untergebenen ein literarisches Denkmal zu setzen. Hier ist es“:

Die Sage von der Walpurgisnacht auf dem Blocksberg

„Nicht weit von der Rosstrappe im Landkreis Harz in Sachsen-Anhalt liegt der Brocken, auch als Blocksberg bekannt, der höchste Berg Norddeutschlands. Heinrich Heine hat ihn in seiner *Harzreise* seine einmalige Schönheit folgendermaßen beschrieben“:

> Es ist unbeschreibbar, mit welcher Fröhlichkeit, Naivität und Anmut die Ilse herunterstürzt über die abenteuerlich gebildeten Felsstücke, die sie in ihrem Lauf findet, so daß das Wasser wild empor zischt oder schäumend überläuft, dort aus allerlei Steinplatten, wie aus tollen Gießkannen, im reinen Bögen sich ergießt, und unten wieder über die kleinen Steine hintrippelt, wie ein munteres Mädchen.

„Der Brocken ist als einer der bekanntesten Hexentanzplätze in vielen Geschichten bekannt, der jedes Jahr viele Touristen anzieht. Der Brocken hat eine Höhe von 1, 142 Metern, und seine Spitze ist über 300 Tage im Jahr vom Nebel verhüllt, sodass sich viele Sagen um diesen Berg gebildet haben. In der altgermanischen Zeit war der Blocksberg Kultstätte für Odin oder Wotan, dem viele Opfer gebracht wurden“.

„Der Hexentanzplatz ist nur einen Katzensprung von der Rosstrappe entfernt; er liegt gegenüber der Rosstrappe auf einem Plateau, das geradezu zum Tanzen einlädt. Das geschieht auch, aber es tanzen nicht nur die

Menschen, sondern auch der Teufel mit seinen Hexen, die seiner Einladung zum Hexensabbat gefolgt sind. Dies geschieht in der Nacht vom letzten Apriltag zum ersten Mal. Sowie die Mitternachtsstunde geschlagen hat, kommen diese Geister, indem sie auf Besenstielen, Heugabeln und auf Ziegenböcken fliegen. Einige kommen auch in Katzengestalt und das Fest, die sogenannte Walpurgisnacht, kann beginnen".

„Es beginnt, wenn der Teufel erscheint. Man kann ihn schon riechen, bevor er kommt, denn eine große Schwefelwolke zeigt sein Kommen an. Dann beginnt das Fest, bei dem alle um ein loderndes Feuer tanzen, bis sie aus Erwartung fast umfallen. Nun steigt der Teufel auf die sogenannte Teufelskanzel und redet zu den Hexen, den Fledermäusen, den Schlangen, den Zwergen, den Gnomen, den Dämonen und zu all den anderen Geisternn, die die Nacht dem Tag vorziehen. Er lästert Gott, und auch alle Heiligen".

„Das Tanzen macht hungrig, und der Teufel weiß, dass nicht nur die Liebe durch den Magen geht, sondern auch der Hass. Er bereitet auf dem Hexenaltar Stücke von Hunden, Pferden, Kühen, Stinktieren und anderen Lebewesen, die er den Hexen reicht. Als Höhepunkt wird eine Hexe, die zu spät gekommen ist, in Stücke zerrissen, auf den Hexengrill zubereitet und von den anderen verzehrt – dies war eine Warnung für die anderen Hexen, nicht zu spät zu kommen. Sowie die Morgensonne aufgeht ist der Spuk vorbei und alle fliegen wieder davon und freuen sich schon auf das nächste Jahr. Sie hinterlassen jedoch bei ihrer Abreise ein Merkmal: sie behexen die umliegenden Gehöfte, Viehställe und Scheunen, was den Bauern viel Unglück bereitet. Diese schützen sich, indem sie drei Kreuze auf alle Türen malen, denn dann können die Ungeister keinen Schaden anrichten, da sie ihre Teufelsmacht verloren haben. Alle waren glücklich, besonders der Teufel, denn ein solches Fest wurde sogar von Goethe in seinem *Faust* beschrieben, in der Walpurgisnacht":

Die Hexen zu dem Brocken ziehn,
Die Stoppel ist gelb, die Saat ist grün.

Dort sammelt sich der große Hauff,
Herr Urian sitzt oben auf.
So geht es über Stein und Stock,
Es tanzt die Hexe, es stinkt der Bock.

„Benjamin hat aufmerksam zugehört, hatte aber dann doch noch eine Frage: ‚Wieso heißt diese Nacht die Walpurgisnacht', fragte er nachdenklich, ‚was hat die Walpurgis mit diesem Teufelsfest zu tun?' „Das kann ich dir erklären", sagte der Berner, „denn die Wurzeln dieses Festes gehen in die vorchristliche Zeit zurück, auf die keltische und germanische Religion. Später, im 8. Jahrhundert gab es eine angelsächsische Benediktinerin und Äbtissin des Klosters Heidenhem im Franken, die sich Walpurga nannte. Sie wurde nach ihrem Tod heiliggesprochen, und wird auch heute noch in der katholischen Kirche als Heilige betrachtet. Die sogenannte Walpurgisnacht geht auf die germanische heidnische Zeit zurück, als man das Ende des Winters und den Beginn des Frühlings mit Tanz feierte. Dieses heidnische Fest war der katholischen Kirche ein Dorn im Auge; man versuchte es zu christianisieren und benannte es nach der Hl. Walpurga. Es nutzte allerdings wenig, denn heute wird es die ganze Nacht gefeiert, und manchmal geraten die Leute außer Rand und Band, denn am 1. Mai arbeiten die Leute nicht und können schlafen".

„Ernst Barlach hat zu Goethes Walpurgisnacht mit der magischen Kraft der Hexen ein Buch mit Illustrationen herausgebracht, es wurden viele Gedichte und Romane über die Walpurgisnacht geschrieben, und Felix Mendelssohn Bartholdy hat die *Erste Walpurgisnacht, Schauspiel zu Ein Sommernachtstraum* komponiert – um nur einige Werke zu nennen".

„Der Harz weist viele Legenden und Geschichten auf, und ich möchte euch noch eine erzählen, die ich recht interessant finde. Sie zeigt, dass der Teufel viel kann, aber dass er nicht allmächtig ist":

Die Sage von der Teufelsmauer
(Quelle: Grimm)

„Zwischen Blankenburg und Quedlinburg im nördlichen Harz gibt es ein Felsenplateau, das die Leute als des Teufels Tanzplatz bezeichnen. Nicht weit davon sieht man die Trümmer einer alten Mauer, die die Leute Teufelsmauer nennen. Diese 20 km lange Felsenriff hat der Sage nach folgende Erklärung“:

„Die Karolinger unter Karl dem Großen wollten unbedingt ihr Herrschaftsgebiet christianisieren und errichteten zu diesem Zweck viele Kirchen und Kapellen. Der Teufel sah, dass sein Reich immer kleiner wurde, und er baute eine Mauer, um die christlichen Elemente fernzuhalten. Aber alles, was er in der Nacht errichtet hatte, fiel während des Tages wieder auseinander. Der Teufel gab sein Vorhaben auf, und heute kann man nur die Reste der Mauer sehen, die übrig geblieben waren. Das ist die sogenannte Teufelsmauer“.

„Einer andren Version nach durfte der Teufel eine Mauer bauen, aber nur unter der Bedingung, dies in einer Nacht zu tun. Der Teufel akzeptierte das und fing mit der Arbeit an. Da geschah es, dass eine Bäuerin in der Früh einen Hahn auf dem Markt verkaufen wollte. Es war noch dunkel, als sie sich auf den Weg machte. Mit einem Mal stolperte sie, und der Hahn hatte Angst und begann zu krähen. Der Teufel hörte das und glaubte, dass die Nacht schon vorbei sei. Es fehlte nur noch ein Stein, aber der Teufel brach seine Arbeit ab und vor Wut zerstörte er die Mauer, deren Reste heute noch zu sehen sind. Sie sind heute als Teufelsmauer bekannt. Verewigt ist diese Mauer auch in Spielfilmen und in vielen Fernsehproduktionen und Dokumentarfilmen, die die Schönheit dieser Gegend widerspiegeln“.

„Bösewichte werden bestraft, jedenfalls in den Sagen und in der Literatur. Man weiß jedoch nicht richtig, wer diese Strafe verhängt – Gott oder der Teufel. Wie ihr wisst, war der Teufel auch ein Engel, eine Erschaffung Gottes, der dieselbe Macht haben wollte wie sein Schöpfer.

Um euch das vorstellen zu können, denkt nur an Darth Vader, der als Jedi-Ritter für das Gute und Edle kämpfte, dann aber von den Mächten der Finsternis dazu verführt wurde, gegen das Gute und Edle zu kämpfen. Das beschreibt auch den Satan, Urian, Lucifer, oder den Teufel. Ich glaube, dass noch einige Reste des Guten in ihm vorhanden sind, und dass nicht nur Gott, sondern auch er dann die Bösewichte bestraft. Hier einige Beispiele":

Hartherzige Gestalten und Betrüger

Die Watzmannsage
(Quelle: Grimm)

„Das zentrale Gebirge der Berchtesgadener Alpen südöstlich von Salzburg ist der Weizmann, dessen Mittelspitze 2 173 m hoch ist. Er liegt mit seinen Schnee- und Eisfeldern im Südosten Oberbayerns. Einige kleinere Nebengipfel heißen Weizmann Frau und Weizmann Kinder. Um diese Familie rankt sich eine Legende":

„Man erzählt, dass dieses Land von einem grausamen König Watze oder Weizmann regiert wurde, der mit seiner Frau und seinen Kindern grausame Taten verübte. Eines Tages stieß der grausame Wüterich mit seiner Gruppe auf eine Weide, wo die Tiere friedlich grasten. Beaufsichtigt wurden sie von einer Hirtenfrau, die ihr Kind in ihren Armen hielt, während ihr Mann in dem kleinen Häuschen schlief. Die Rüden des Königs töteten den Schäferhund und griffen die Frau und ihr Kind an, und verbissen sich in sie, dass sie verbluteten. Der Hirte wachte auf, sah das Unglück und tötete den Lieblingshund des Königs. Der grausame König verwundete dann den Hirten tödlich. Bevor der Hirte starb, streckte er seine Arme zum Himmel und bat Gott, diese grausame Tat zu bestrafen, indem er sagte: ‚Da ihre Herzen aus Stein sind, sollen sie alle in Stein verwandelt werden'. Und dies geschah auch sogleich. Der Himmel verfinsterte sich, es brauste und sauste von allen Seiten, die Bergklüfte öffneten sich und dunkle Wolken strömten hervor. Und die Rache für diese Bluttat ließ nicht lange auf sich warten: König Weizmann und seine gesamte Familie wurden wie ihre Herzen in ein steiniges Gebirge verwandelt – der König in den Watzmannberg, seine Frau in den kleinen Watzmann, und die Kinder um sie herum. Ihr Blut floss zu Tale und bildete dort den Königssee. Die zu Stein verwandelte Weizmann Familie ist ein bleibendes Wahrzeichen nicht so zu handeln, wie diese Familie es getan hatte".

„Der Watzmann ist trotz seiner Entstehung sehr schön, sodass ihn viele Maler auf ihre Leinwand gebannt haben, wie zum Beispiel Caspar David Friedrich. Er ist auch in der Literatur zu finden, vor allem in den Bergromanen von Ludwig Ganghofer. Er wurde auch zu einem Musical gestaltet, und der Watzmann ist der Logos oder das Wahrzeichen des Berchtesgadener Landes".

„Peter Geißler hat in seinem Gedicht den Watzmann folgendermaßen beschrieben:

Großartig und mächtig,
die Gipfel schneebedeckt,
erheben sich
der König und seine Gemahlin
in das Himmelsgewölbe.
[...]
Ein Fluch liegt auf dir,
von Gott gesteinigt,
deine Grausamkeit bestraft,
mit Weib und Kinder.
Jahrtausende
in Stein gefangen,
trägst du hart.

Der Bäcker zu Dortmund
(Quelle: Die schnsten deutschen Heimatsagen,
Udo Klinger, Hrsg.)

„Vor langer, langer Zeit lebte ein Bäcker in Dortmund, dessen Herz ebenfalls aus Stein war, denn er gab den Armen und Hungerleidenden nichts von seinem Reichtum, den er sich durch Lug, Betrug und Wucher erworben hatte. Er war allerdings sehr auf seinen Leumund bedacht, und er spielte den Leuten in der Kirche, die er regelmäßig besuchte, Andacht und Herzensgüte vor. Kam jedoch ein Bettler, gab er ihm ein Stück steinhartes verschimmeltes Brot und jagte ihn dann wieder von seiner Tür fort. Er wies sogar seine eigene Schwester fort, deren Mann gestorben war, die mit den Kindern an Hunger litt. Er selbst jedoch hatte Säcke voll Geld in seinem Keller, und er vermehrte es jedes Jahr“.

„Dann geschah es, dass im Lande Westfalen eine große Hungersnot ausbrach, und auch eine große Teuerung. Die Preise stiegen und stiegen, und die Leute konnten nicht mehr das Notwendige kaufen, auch kein Brot. Der Bäcker jedoch gab von seinen Vorräten nichts her, denn er hoffte, dass die Preise noch weiter steigen würden. Auch seine eigene Mutter klopfte an seine Tür; er gab ihr ein Stück verschimmeltes Brot, das aber so hart war wie sein Herz, und sie konnte es nicht beißen. Eine alte Magd erbarmte sich ihrer und gab ihr etwas zu essen, aber es war zu spät, und sie starb“.

„In ihrer Verzweiflung taten sich die Männer zusammen und starteten einen Aufruhr. Sie stürmten die Häuser der Reichen, die genug zu essen hatten, und sie rotteten sich auch vor dem Haus des Bäckers zusammen. Dieser hatte schon als Vorsichtsmaßnahme das Wertvolle in den Keller geschleppt, wo auch seine Säck mit Geld lagen. Dann ging er in den Keller und schlug die schwere eiserne Tür zum Keller zu, und er sicherte sie mit Dutzenden von Riegeln. Dort wollte er ausharren, bis der Aufruhr vorbei war“.

„Als ihn der Hunger plagte, nahm er ein Stück Brot aus einem Sack und biss hinein. Er konnte das Stück jedoch nicht kauen, denn das Brot war zu Stein geworden, und er hatte sich einige Zähne ausgebrochen, sodass er das Stück wieder ausspuckte. Er nahm ein zweites Brot, aber auch dieses war zu Stein geworden. Dann wollte er aus einem Krug Wasser trinken, aber statt Wasser war in diesem Krug Blut. Da erkannte der Bäcker seine Missetaten, er wollte beten, aber es war zu spät. Als die Ruhe wieder hergestellt war, ließ man die eiserne Tür aufbrechen und fand den Bäcker mit entstellten Zügen auf seinen Geldsäcken liegen. Der Wasserkrug war mit Blut gefüllt. Um ihn herum lagen Säcke mit den Broten, die alle zu Stein geworden waren. Da er keine Erben hatte, nahm die Stadtverwaltung das Geld, und nutzte es für wohltätige Zwecke. Viele Leute sagten, es habe ihn der Teufel geholt".

„Diese Legende wurde von dem Heimatsdichter Joseph Seiler (1823-1877) in einem Gedicht festgehalten":

Herr Jürg, der Bäcker, wohl bekannt –
der Reichste weit im Westfalenland;
Und reicher ward er doch alle Tage:
Hart war sein Herz und falsch seine Waage.

Rings herrsch des Hungers bittere Noth, –
Ihm schwillt im Kasten das Gold so rot.

„Er geht jetzt in den Keller, wo er seine Schätze gelagert hatte, zusammen mit den Broten und einer Kanne Wein":

Und geht und öffnet den strotzenden Schrein,
Und will sich laben an Brot und Wein.
Da brach das Messer – das Brot war zu Steine,
Blut schäumt im Becher mit düsterem Scheine!

„Er verhungert und verdurstet, und so wird er auch im Keller gefunden. Dieser Bäcker wollte in seinem Keller essen und trinken, aber das wurde ihm verwehrt. Aber Essen und Trinken hält Leib und Seele zusammen. Das hört auf, wenn man das Zeitliche gesegnet hat. Leib und Seele trennen sich. Wenn man stirbt, kommt man in eine Grube von ungefähr 2,2 m. Die Seele allerdings kann einen bedeutend längeren Weg nach unten antreten. Dort warten schon einige Gehörnte und bestrafen ihn für seine Missetaten, wie zum Beispiel den Becker aus Dortmund. Aber es gibt noch viele Sagen und Geschichten vom Essen und vom Trinken in einem geselligen Kreis, denn Essen und Trinken hält nicht nur Leib und Seele zusammen, sondern befestigt auch Freundschaft":

Vom Essen und Trinken

Die Stadt Rothenburg o.d.T.
(Quelle: Stadtführer)

„Rothenburg oberhalb der Tauber gehört mit zu den bekanntesten und meist besuchten Orten Deutschlands. Dieses Kleinod des Mittelalters liegt im Bayern, an der Grenze zu Baden-Württemberg. Das Hervorragende ist die Altstadt mit ihren mittelalterlichen Bauten, sodass das Vergangene lebendig erhalten wird. Das ist auch der Grund, weshalb viele Touristen diese Stadt jedes Jahr besuchen".

„Ahnen kann man dies schon, wenn man sich der Stadt nähert. Der Zugang zur Stadt führt durch das Würzburger Tor aus dem Jahr 1615, auch das Galgentor genannt, denn durch dieses Tor wurden die armen Sünder außerhalb der Stadt geführt und gehängt. Dieses Tor hat aber auch eine symbolische Bedeutung, denn es war ein Zeichen für die Reichseinheit der Reichsstadt Rothenburg, eine Freiheit, die 1800 verloren ging. Heute marschieren keine Verbrecher zur Strafe aus der Stadt hinaus, sondern heute wandern viele Touristen in die Bilderbuchstadt hinein".

„Es hilft, wenn man mit der Geschichte dieser Stadt etwas vertraut ist. Der Anfang liegt im 10. Jahrhundert, als das Geschlecht der Grafen die Grafenburg errichtete. Danach erwarb sie Heinrich von Rothenburg, der seinen Sitz dem Kloster Coburg vererbte. Acht Jahre später kam Rothenburg in den Besitz der Hohenstaufen, und 1274 erhielt die Stadt vom König Rudolf von Habsburg den Status einer Freien Reichsstadt. Das bedeutete, dass diese Städte eine rechtliche Unabhängigkeit gegenüber den regionalen Herrschern besaßen, also nur dem Kaiser untertan waren, und an ihn ihre Steuern abführten. Im 30-jährigen Krieg (1618- 1648) wurde Rothenburg verschiedene Male belagert und auch eingenommen. 1631 wurde diese Stadt wunderbar gerettet, und dies ist dann auch die Legende, die sich um diese Stadt rankt".

„In diesem Jahr befahl Tilly, Feldherr der katholischen Liga und der Armee, vier Ratsherren öffentlich hinrichten zu lassen, da diese Stadt beharrlichen Widerstand gegen ihn und seine 60.000 Truppen zählendes Söldnerheer geleistet hatte. Rothenburg war protestantisch, während Tilly für den Kaiserlichen Bund kämpfte. Als am 30. Oktober 1631einer der Pulvertürme an der Stadtmauer explodierte, marschierte er in die Stadt ein. Um Tilly zu versöhnen, bot man ihm den besten Frankenwein in einem mächtigen Humpen an, der dreieinhalb Liter fasste. Tilly war erstaunt über die Größe und wollte das Todesurteil aufleben, wenn jemand diesen Humpen mit einem Zug trinken könnte. Der Altbürgermeister Georg Nusch trat hervor und lehrte den Humpen ohne abzusetzen. Tilly hielt sein Versprechen und begnadigte die vier Ratsherren".

„Dies geschah im Jahre 1631, aber noch heute wird dieses Ereignis, der sogenannte Meistertrunk, in einem Festspiel mit Feldlager und einem Festumzug an den Pfingsttagen gefeiert. Es findet seit 1888 vor vielen Tausenden statt, die zu diesem Ereignis in die Stadt strömen, die nach 1945 wieder im alten Stil aufgebaut wurde".

„Ich möchte wieder eine Geschichte vom Teufel hören", sagte Benjamin, der immer glaubte, dass jede Spukgeschichte einen Teufel haben müsse. „Ja", sagte der Berner Dietrich, „und die will ich euch jetzt erzählen, denn diese Geschichte handelt nicht nur vom Trinken, sondern auch davon, dass der Teufel die bestraft, die das wichtigste Gebot Bayerns missachtet haben":

Die achte Todsünde: das Bierpantschen
(Quelle: Wikipedia)

„In Bayern gibt es nicht nur sieben Todsünden, sondern acht, und die achte Todsünde wird am härtesten bestraft. Und diese achte Todsünde ist das Bierpatischen“.

„So geschah es auf der Burg Stockenfels bei Fischbach im Landkreis Schwandorf in Bayern, einer Burg, die jetzt nur als Ruine daliegt. Aber sie ist nicht nur ein Teil der historischen Vergangenheit, sondern erwacht jeweils um Mitternacht zum Leben, wobei Leben vielleicht zu viel gesagt ist. Pünktlich um 12:00 Uhr Mitternacht erscheint eine lange Leiter, die von der Turmspitze bis in die Sohle des Schlossbrunnens hineinreicht. Geister von ehemaligen Schankwirten und Schankwirtinnen, Kellnern und Kellnerinnen, Brauereibesitzern und anderem Personal, die den damaligen Gästen das erfrischende Met gereicht haben, stehen auf jeder Sprosse dieser Leiter. Der Teufel auf der Sohle des Brunnens schöpft Wasser in große Eimer, die dann von Person zu Person auf der Leiter nach oben gereicht werden. Oben nimmt ein anderer Teufel diese mit wassergefüllten Eimer im Besitz und schüttelt sie über die Burgmauer aus, und so geht es *ad infinitum*. So werden die Bierpantscher bestraft, denn das Bierpanschen in der Heimatstadt der Bierbrauerei ist die achte Todsünde“.

„Und wie viel Wasser muss unter Anstrengung hochgereicht werden? Genauso viel, wie die Pantschgeister zu Lebzeiten in das gute Bier gegossen und es somit verdient haben. Und das ist auch der Grund, weshalb der Wassergraben um die Burg herum niemals austrocknet. Einige Wissbegierige, darunter auch die Zweifelnden, wollen dieses übernatürliche Spektakel sehen. Sie konnten jedoch das, was sie mit eigenen Augen gesehen hatten, nicht der Mit- und Nachwelt berichten, denn sie starben auf der Stelle, und mussten nun jedes Mal um Mitternacht Zeuge dieser Strafe sein“.

„Diese Geistererzählung, wird jedes Jahr von Mai bis Oktober am Ort erzählt. Zusätzlich zu den Touristen, die da hinkommen, gibt es auch viel Bedienungspersonal und viele Brauereibesitzer, die jedem Wort genau folgen. Und das ist auch gut so, denn hinter dieser Geschichte steht eine Warnung, es nicht genauso zu machen, wie die von den Teufeln gequälten Seelen, die nicht sterben können und wie Tantalos und Sisyphos bis an das Ende unserer Welt gequält werden“, sagte Dietrich den Kindern. Diese waren jetzt mit Feuer und Flamme (ein wahrhaft teuflisches Vokabular) bereit, sich zur Burgruine zu begeben. Sie taten es auch und vernahmen diese teuflische Geschichte noch einmal.

Clara hatte noch eine Frage, die sie jetzt an Dietrich richtete: „Passiert es öfters, dass das Bier mit Wasser gepantscht wird?“ „Ich glaube nicht“, erwiderte Dietrich, „denn seit dem Mittelalter gibt es eine Bierpolizei, die das Reinheitsgebot dieses erfrischenden Getränks überwacht. Wer sich nicht daran hält, muss eine gehörige Strafe bezahlen. Zur Warnung gibt es heute auch Fernsehproduktion, die dem Bierpantschen gewidmet sind. Diese Produktionen sind unterhaltend, enthalten aber eine leichte Warnung, dieses Kapitalverbrechen nicht zu verüben. Und das gilt für alle Biere, für Starkbier, Bock Bier und den Doppelbock“.

„Das Loblied des Bieres ist auch in der deutschen Literatur zu finden. So zum Beispiel bei Goethe, der in seiner Studentenzeit in Leipzig nicht nur dem (Franken-) Wein, Weib und Gesang zusprach, sondern auch dem Bier“:

Bestaubt sind unsere Bücher,
der Bierkrug macht uns klüger,
das Bier schafft uns Genuss,
die Bücher nur Verdruss.

„Wenn wir nun jetzt fragen, was das Bier mit dem Bock oder mit dem Doppelbock zu tun hat, und auch mit der Bockwurst, gibt es folgende Geschichte“:

Die Geschichte vom klassischen bayrischen Starkbier: dem Bock, dem Doppelbock und der Berliner Bockwurst

„Zuerst eine Berichtigung: der Ursprung des Bockbiers ist nicht Bayern, sondern in der ehemaligen Hansastadt Einbeck in Niedersachsen. Dort braute man seit dem 14. Jahrhundert ein starkes Bier, das durch die Hansaflotte in alle Welt verschifft wurde. Dieses schwere alkoholreiche Bier war sehr haltbar, denn es wies einen hohen Stammwürzgehalt auf und es war auch sehr teuer, sodass sich diese Luxusware nur die Adligen, die hohen geistlichen Würdenträger und die Reichen leisten konnten. Die Stadt Einbeck nahm viel Geld ein, so viel, dass andere Staaten neidisch wurden und selbst dieses Bier brauten. So auch Maximilian I. von Bayern, dessen gebrautes Bockbier 6 % Alkohol aufwies, während der malzig-süße Doppelbock 12 % hatte. Beide Biersorten werden besonders zur Fastenzeit in der Karwoche getrunken, also der Zeit vom Aschermittwoch bis zu Ostern. Der Braumeister des Münchner Hofbräuhauses, errichtet 1592, nannte es zuerst Aynpökisch Bier, aus dem dann später in der Münchener Mundart ein Pock oder ein Bock wurde. Einer Legende zufolge mussten sich die Lehrlinge der Brauerei nach dem Leeren des Bierfass auf den unteren Teil, genannt der Bock, des Fasses setzten. Blieben sie in dem verkleckten Bier kleben, dann war das Starkbier gerade richtig gebraut".

„Und was wäre ein Bockbier ohne Bockwurst? Mit der Bockwurst verbunden ist ebenfalls eine Geschichte, die nicht aus München stammt, sondern aus Berlin, wo sie zum ersten Mal im Jahr 1889 gegessen wurde. In diesem Jahr setzte der Gastwirt Rupert Scholz seinen Gästen statt der groben Knackwurst die aus Kalb- und Rinderfleisch geräucherte Brühwurst zum Bock Bier vor, die er von dem jüdischen Fleischer Benjamin Löwenthal erstanden hatte. Diese unbekannte Wurstsorte wurde ein Erfolg und gehört mit zu den Berliner Spezialitäten. Einen Bock auf etwas haben, bedeutet, dass man etwas gerne haben oder tun will, im Extrem benutzt hat man einen Doppelbock. Sollte man dagegen überhaupt keine Lust auf etwas haben, dann hat man einen Nullbock. So, jetzt habe ich Appetit auf eine Bockwurst, und ihr kommt einfach mit".

„Wir sind jetzt fast fertig mit unserer Reise durch Deutschland und haben viele Sagen, Legenden und Geschichten gehört. Es gibt aber auch Geschichten, die ebenfalls interessant sind, und die genau so verbreitet sind in Deutschland wie die Sagen. Ich gebe euch ein paar Beispiele":

Eine Realität, die Legende wird, und eine Legende, die Realität wird

Karl Mays Verzauberung der Realität

„Karl May hat über siebzig Romane über den Orient, die USA und Mexiko verfasst, von denen viele Abenteuerromane sind. Sie wurden von Erwachsenen, Jugendlichen und Kindern gelesen; diese lasen die spannenden Beschreibungen und Abenteuer, die im wilden Westen und in dem Vorderen Orient spielten manchmal des Nachts unter der Bettdecke zum Licht einer Taschenlampe. In Deutschland wurden über 100 Millionen Exemplare seiner Bücher verkauft und weltweit das Doppelte. In der BRD kommen ungefähr eine Million Taschenbücher dazu. Er ist einer der produktivsten Schriftsteller deutscher Sprache, und auch der am meisten in andere Sprachen übersetzte Abenteuer-Schriftsteller".

„Geboren wurde er im Jahr 1842 in Zwickau als fünftes von 14 Kindern. Er hatte eine harte Kindheit, war blind bis zu seinem vierten Lebensjahr, was seine Fantasie schon in frühester Kindheit beflügelte. Da seine Eltern sehr arm waren, musste er schon früh arbeiten, und um sich und seine Familie über Wasser zu halten, stahl er auch und musste für einige Zeit ins Gefängnis. Er verlor seinen Job und fing an zu schreiben, um Geld zu verdienen. Er studierte viele historische und geographische Quellen und bereicherte das Faktische mit seiner überquellenden Fantasie. Er verfasste spannende Romane über den Orient und den wilden Westen, die so genau und detailliert warten, dass sie an einigen Schulen in

Deutschland als geografische Text eingesetzt wurden. Das Paradox war, dass er die Länder, über die er schrieb, erst später in sein Leben bereiste, als er schon längst berühmt geworden war".

„Auch in den Vereinigten Staaten spielen sehr viele von seinen 74 Bänden. Besonders erfolgreich war und ist sein dreibändiges Werk *Winnetou*, den fiktiven edle Häuptling der Mescadero-Apachen, der für Gerechtigkeit und Frieden kämpfte, Eine Stelle in diesem Werk lautet: ‚Der weiße Mann kommt mit süßen Worten auf den Lippen, aber er hatte gleichzeitig ein scharfes Messer umgeschnallt und ein geladenes Gewehr in der Hand. Er versprach Liebe und Frieden, doch es gab Hass und Blut'. Nicht alle weißen Männer sind jedoch schlecht. Mays Name im wilden Westen war Old Shatterhand, eine Art Superman, dessen Faustschläge viele Gegner kampfunfähig machten. Ihn konnte niemand besiegen. Er wurde später Freund und Blutsbruder Winnetous, dessen Schwester Ntscho-tschi [schöner Tag] er heiraten sollte. Dazu kam es aber nicht, da sie zusammen mit ihrem Vater radikal umgebracht wurden".

„Wenn man Karl May liest, vergisst man die Realität, und diese war zu seiner Zeit erschreckend. Die Fortschritte in der Technologie lösten Zukunftsängste aus – man wusste nicht, was geschehen würde. Fabriken schossen aus dem Boden, und die Arbeiter und Kleinbosse hatten kein Geld zum Reisen. Die Reiseromane waren Ersatzutopien. Man bestand große Gefahren, war aber dann doch erleichtert, als die Gerechtigkeit siegte, die man so sehr in der Realität vermisste. Wenn man das alles bedenkt, dann kann man besser den Erfolg seiner Werke verstehen".

„Karl May war sehr erfolgreich, und das nicht nur zu seiner Zeit, sondern auch heute. Die Bundespost brachte 1987 eine Karl-May-Sondermarke heraus, die aber nicht ihn sondern Winnetou zeigte. Das Freilufttheater in Bad Segebrecht führt seit 42 Jahren vor mehr als 200.000 Zuschauern Karl May Abenteuer auf. Viele Menschen, darunter auch Touristen, besuchten das Karl-May-Museim in Bamberg und auch die Villa Shatterhand in Radebold bei Dresden, einer Stadt, in der er 1912 starb.

Zusätzlich gibt es die vielen Karl May Filme, Fernsehproduktionen und Vereine, die den Spuren des Helden im wilden Westen nachgehen".

„Als er kurz vor seinem Tode in Wien über das Thema ‚Empor in das Reich des Edelmenschen' einen Vortrag hielt, waren unter den Zuhörern die Pazifistin und Friedensnobelpreisträgerin Bertha von Suttner, die Karl May sehr schätzte, da er in seinen Werken immer wieder die Völkerverständigung und Toleranz betont hatte. Ein anderer Zuhörer war Adolf Hitler, dessen Idee vom Edelmenschen das Gegenteil von Karl Mays Vorstellung war".

„Karl May starb am 30. März 1912. Er hatte den Menschen zu seiner Zeit gezeigt, dass es außer den materiellen Dingen auch noch andere Welten gibt, zu denen jeder Zugang haben kann. Während Heinrich Schliemann die Legende von Troja in die Realität verwandelte, verwandelte Karl May mithilfe der Fantasie die Realität in eine Legende. Und man wird seine Figuren wie Old Surehand, Apanascka, Old Firehand, Old Wabble, Dick Hammerdull und Pitt Holbers, den kleinen und humorvollen Sam Hawkins, und Winnetus Rappen-Pferd Iltschi nicht vergessen. Wie auch Kara Ben Nemsis ergebenen Diener, den kleinen und lustigen Hadschi Halef Omar. Und nicht zu vergessen, die beiden Gewehre: den Henry-Stutzen und den Bärentötter".

Heinrich Schliemanns Entzauberung einer Legende

„Ich möchte euch jetzt eine Legende erzählen, die keine ist, oder besser gesagt, eine Legende, die einmal war, aber heutzutage nicht mehr ist. Und das ist die Legende von Troja. Und Troja ist jetzt ewig mit dem Namen Heinrich Schliemann verbunden ".

„Heinrich Schliemann wurde 1822 in Neuboukow geboren. Seine Mutter starb schon sehr früh, und der Vater konnte das Schulgeld für das Gymnasium nicht aufbringen. So wechselte Heinrich auf die Realschule über, die er bis zur Vollendung seines 14. Lebensjahres besuchte. Danach begann er eine kaufmännische Lehre. Nach Beendigung der Lehre war er einige Zeit arbeitslos, entschloss sich aber dann auszuwandern. Zu diesem Zweck lernte er innerhalb eines Jahres Niederländisch, Spanisch, Italienisch und Portugiesisch, denn er war sehr sprachbegabt. Er sparte einiges Geld und entschloss sich, nach Russland auszuwandern. Er lernte Russisch und erwarb die russische Staatsbürgerschaft. In St. Petersburg machte er ein Vermögen. Zurückgekehrt ging er nach Kalifornien, um dort seinen Bruder Ludwig zu besuchen, der Goldsucher war. Er lebte dort zwei Jahre und kehrte dann 1852 wieder nach Deutschland zurück. Im selben Jahr heiratete er eine russische Kaufmannstochter, mit der er zwei Töchter und einen Sohn hatte. Er erweiterte seinen Handel und lieferte Munitionsstoffe an die zaristische Armee während des Krimkrieges (1863-1866) und erwarb damit großen Reichtum. Anfang der sechziger Jahre begann er seine schriftstellerische Tätigkeit und studierte Sprachen, Literatur und Altertumskunde an der Sorbonne in Paris".

„Er war Abenteurer der Tat, aber jetzt begann für ihn ein Abenteuer des Geistes, was ihm unsterblich machen sollte. Er hatte angefangen, lateinische und altgriechische Werke im Original zu lesen, und er begeisterte sich für Homers *Ilias*. Er war überzeugt, dass die Geschichte und Legende des trojanischen Krieges, und die Existenz von Troja nicht Fiktion, sondern Realität waren. Er ging auf Reisen und folgte dabei der Reiseroute, wie sie Homer geschildert hatte. 1888 begann die Ausgrabung Trojas, in einem massiven Gebirge, unter dem er Troja vermutete. Er veröffentlichte seine Ideen und Pläne im selben Jahr, kehrte nach Paris zurück und überreichte sein Buch *Ithaca* in französischer Fassung zusammen mit seinem Buch über China und Japan der Universität als Dissertation für seinen Doktorgrad, und das Diplom wurde ihm auch 1861 zuerkannt. Im selben Jahr reiste er nach Sankt Petersburg und in die USA, die ihm die amerikanische Staatsbürgerschaft verlieh".

„Kurz nach seiner Scheidung ließ er sich von seinem Freund, dem Erzbischof Vimpos in Athen, 34 Fotografien von Heiratskandidatinnen schicken. Er wählte einige aus, und examinierte sie über ihr Wissen der homerischen *Ilias*, die er auswendig kannte. Eine 17-jährige schlug mit ihrem Wissen alle anderen Kandidatinnen aus dem Feld, und die Heirat wurde 1869 in Kolonos, der Geburtsstadt von Sophokles, nach griechisch-römischem Muster vollzogen. Er wartete auf die Ausgraberlaubnis der türkisch-osmanischen Regierung, die ihm dann auch erteilt wurde. In der Zwischenzeit lernte er innerhalb von drei Wochen Türkisch".

„Schliemann führte verschiedene Ausgrabungskampagnen durch, und er stieß 1873 auf ein Stadttor, das, wie er glaubte, zum Palast des trojanischen Königs Priamos führte. Dort entdeckte er auch die Schatzkammer mit den Ringen, Ketten und Juwelen, einen Schatz, der von einigen Priamos zugeschrieben wird. Er wurde von der türkischen Regierung zur Herausgabe der Schätze verklagt, erwarb sie aber durch die Zahlung von 50.000 Goldfranken".

„Nach diesem Erfolg setzte Schliemann seine Ausgrabungen fort. Er entdeckte unter anderem die Grabstätte Agamemnons, und die Goldmaske Agamemnons ist heute im Museum in Athen zu sehen. Den Schatz des Priamos brachte Schliemann nach London, wo er drei Jahre lang im Museum zu sehen war, und 1879 gebar ihm seine Frau einen Sohn, den er Agamemnon nannte, und der 1914 der griechische Botschafter in Amerika wurde".

„Es häuften sich die Ehrungen. 1878 wurde er zum Mitglied der bayerischen Akademie der Wissenschaften ernannt, ebenfalls zum Ehrendoktor der Universität Oxford und des Queens College. Er starb am 13. November 1890 in Halle. Den Depotschatz von 8000 Gegenständen brachte Schliemann nach Berlin, wo er nach 1945 nach Beendigung des zweiten Weltkrieges als Beutekunst nach Russland gebracht wurde. In Berlin befindet sich nur eine naturgetreue Nachahmung ".

„Mit seiner Arbeit hat Schliemann gezeigt, dass Homer für seine unsterbliche *Ilias* nicht Mythen, sondern historische Fakten verarbeitet hat. Am Ende seines Lebens sagte Schliemann":

Gott ist gedankt, dass mich der feste Glaube des Vorhandenseins Trojas in allen Wechselfällen meiner ereignisreichen Laufbahn nie verlassen hat! Aber erst im Herbst meines Lebens sollte ich meine Kinderträume von vor fünfzig Jahren ausführen dürfen.

„Wenn Schliemann schreibt: ‚Selbst der Fleißigste ist ohne Fantasie nichts‘ – so trifft dieser Gedanke auch auf Karl May zu“.

„Ich glaube, es gibt heutzutage wohl keinen, der nicht einen der vielen Star Wars oder Star Trecks-Filme gesehen hat, und der davon begeistert war. Das Interesse war und ist auch heute noch vorhanden, denn es ist ein Traum der Menschheit, andere Welten und Planeten kennen zu lernen. Und vielleicht sogar fremde Völker. Und wem flog das Herz nicht höher, wenn die weisen und mächtigen Jedi junge Menschen rekrutierten, um die Mächte der Finsternis zu besiegen“.

„Damals, so gegen 1900, hatten die Menschen keine Computer und andere technologische Wunderwerke, mit denen sie sich die Zeit vertreiben konnten, sondern sie lasen, und konnten ihre Fantasie beflügeln. Der romantische Dichter Novalis hat einmal gesagt: ‚Wir alle träumen von Reisen durch das Weltall: ist denn das Weltall nicht in uns? Die Tiefen unseres Geistes kennen wir nicht. – Nach innen geht der geheimnisvolle Weg und sonst nirgends“.

Uns ist in alten maeren wunders vil geseeit
von helden lobebaeren, von grôzer arebeit,

Clara und Benjamin hatten auf ihrer Reise mit Dietrich von Bern so viel gesehen und gehört, dass sie nichts mehr aufnehmen konnten. Und der Berner sagte ihnen, dass er jetzt erlöst sei, denn die Kinder hätten ihn mit so viel Liebe umgeben, sodass sein Unsterblichkeitsfluch vorbei sei. Er könne jetzt die Welt der Realität verlassen, und er spielte mit dem Gedanken, sich zu den Rittern um Kaiser Barbarossa zu begeben, denn er kannte sehr viele von ihnen.

Der Springbrunnen, vor dem die Kinder saßen, hatte einen hypnotischen Effekt für Clara, verstärkt noch durch das Auf- und Abwiegen der Schwäne, die ihre Kreise um die plätschernde Fontäne zogen. Sie schloss beide Augen und war sofort in Morpheus Armen, in denen Zeit und Raum keine Gültigkeit mehr haben.

Sie sah sich in einer kleinen Dorfkirche während des Gottesdienstes, in der der Laienchor gerade das *Messias Oratorium* von Händel vortrug. Einer der Sänger war blind, und zu seinen Füßen lag ein großer Schäferhund, der seinen blinden Herrn führte.

Dieser Hund mit dem Namen Rex hörte dem Chor andächtig zu, denn vor nicht allzu langer Zeit hatte sein Herr ihn zu einem Messias-Konzert mitgenommen. Da Rex ein sehr gutes Gedächtnis hatte, wusste er, was die richtigen und die falschen Noten waren. Und genau die letzteren hörte er jetzt im Chor. Er stand auf und wollte helfen. Er stellte sich vor dem Chor hin, der erstaunt mit dem Gesang abbrach. Rex jaulte nun die Tonleiter hoch, bis er den richtigen Ton gefunden hatte. Er musste das öfters tun, denn der Chor war ungeübt, und die Sänger waren froh, dass einer da war, der ihnen die richtigen Töne beibrachte.

Dazu kam noch ein anderes Problem, denn einige Sänger verirrten sich im Taktzählen. Ihr Gesang war wie ein Pferderennen, wo einige schon das Ziel erreicht hatten, während andere noch auf der musikalischen Rennbahn dahin schlenderten. Es gibt eben sehr viele Menschen ohne Rhythmusgefühl. Rex war zuerst ratlos, wie dem abzuhelfen sei, aber dann hatte er eine Idee. Er hatte zwar keinen Taktstock, denn wie sollte er ihn mit seinen Pfoten handhaben, aber dann hatte er trotzdem einen – die Natur hatte ihm bei der Geburt einen Taktstock mitgegeben. Er drehte sich kurzerhand um und zeigte dem Chor seinen derrière, der von einem großen buschigen Schwanz gekrönt war, und der jetzt die Funktion eines Metronoms hatte. Dieser Schwanz nun tackte auf und ab, von rechts nach links, dann wieder zurück, sodass Taktlosigkeiten nicht mehr dem Genuss des Oratoriums störten. Alles in allem war es eine imposante Darbietung, gemessen an dem Beifall der Zuhörer. Auch sein Herrchen mit dem Namen Baldur strahlte vor Freude, denn obwohl er nicht sehen konnte, genoss er doch die Schönheit der Musik.

Nach dem Halleluja Chor des *Messias* gab es eine Taufe. Die glücklichen Eltern übergaben das Neugeborene der Pfarrerin, die es über das Taufbecken hielt und seine Stirn mit dem geweihten Taufwasser benetzte. Alle waren sehr glücklich, außer dem Baby, das jetzt zu schreien anfing. Rex ging zum Taufbecken hin, wobei er sich nicht einmal umzudrehen brauchte, legte zart seine Pfoten auf die Sterne des schreienden Kindes, das jetzt still wurde und den ungewohnten Gast mit großen Augen ansah. Dann jedoch lachte es, und umschlang seine kleinen Ärmchen um seinen Hals und schmiegte sich an ihn. Und die Augen von Rex strahlten eine so große Liebe aus, dass die Eltern ihn gewähren ließen. Nach der Taufe erhielten die Eltern den Täufling wieder zurück, und viele Leute wandten sich zu gehen. Nur Rex nicht. Da er sehr durstig war, und als er sah, dass ihn keiner bemerkte, beugte sich über das Taufbecken und trank es leer, ganz leer, sodass nicht ein einziger Tropfen übrig blieb. Danach gab es eine kleine Feier im Foyer, und Rex war auch dabei, denn man hatte einen kleinen Tisch mit Leckerbissen für ihn hingestellt: Bully Biskuits, Biscuits mit Lamm und Reis, Käsesnacks und Jagdwürstl. Rex hatte keine Bedenken, an der Tauffeier teilzunehmen, denn mit dem Taufwasser war er ja auch symbolisch in das Reic der Gläubigen aufgenommen.

Als Rex alt wurde, und der Traum kann ja bekanntlich viele Zeitsprünge machen, brachte ihn Baldur zu einer Tierfarm, wo er mit vielen anderen Tieren spielen konnte. Er hatte sich schnell mit Stubby angefreundet, dem berühmtesten Hund Amerikas, der während des Ersten Weltkrieges den Westmächten zum Sieg verholfen hatte. Er wurde von drei amerikanischen Präsidenten ausgezeichnet und man kann ihn im Smithonian Museum bewundern.

Rex wurde nach seinem Leben auf der Erde in den Himmel versetzt, denn er war ja quasi getauft. Sein neues Domizil ist jetzt der Stern Sirius, der *Canis Majoris* oder der Hundsstern. Dies passte sehr gut für ihn, denn die alten Babylonier sahen in Sirius einen Hund, der Orion auf der Jagd begleitete, und hatte Rex nicht Baldur jahrelang begleitet? Er fühlte sich sehr wohl dort, ging aber manchmal auf Reisen und dirigierte die Musik der

Sphären. Wenn Goethe sagt: „Die Sonne tönt nach alter Weise in Brudersphären Wettgesang', so wissen wir heute, wer die Sonne dirigiert: Natürlich Rex, der König der Hunde.

Da es zu regnen anfing, wachte Clara auf und lachte sehr laut, sodass Benjamin sie nach dem Grund fragte. Sie erzählte ihm ihren Traum, denn im Traum ist alles möglich, auch Hunde, die dirigieren können. Benjamin war etwas neidisch, aber Clara tröstete ihn mit den Worten: „Ich glaube, dass Frauen anders träumen können als Männer, denn sie sind dem Metaphysischen näher als diese. Und es sind auch drei Frauen oder Schicksalsgöttinnen, die unser Leben bestimmen, nämlich die drei Parzen: Klotho, die den Lebensfaden der Menschen spinnt; Lachesis, den die Länge bestimm, und Atropos, die den Lebensfaden abschneidet. Man sagt auch die Parze und nicht der Parz".

„Und jetzt", sagte der Berner, „geht es zurück zu eurem Schöpfer, der schon sehnsüchtig auf euch am Computer wartet. Erzählt ihm alles, was ihr erlebt, gehört und gesehen habt. Das Beste ist, ihr erzählt ihm alles in der Reihenfolge. Also beginnt mit König Laurins Rosengarten: , König Laurin hatte zahlreiche Untertanen, die in den Bergen nach edlen Metallen suchen mussten, womit er seinen unterirdischen Palast schmückte. In Kämpfen tat es ihm keiner …' . Diese Sagen, Legenden und Geschichten enthalten nicht nur einen bedeutenden Teil unserer Vergangenheit, sondern sie sind ebenfalle wichtige Bestandteie unserer heutigen Kultur. Die erste Strophe des *Nibelungenliedes* ist ebbenfalls für unsere heutige Zeit lehrreich, anregend und unterhaltsam:

Uns ist in alten maeren wunders vil geseeit
von helden lobebaeren, von grôzer arebeit,
von fröuden, hôchgezîten, von weinen und von klagen,
vom küener recken strîten muget ir nu wunder hœren sagen.

Printed by Books on Demand GmbH, Norderstedt / Germany